Hesse/Schrader

Die perfekte Bewerbungsmappe für Ausbildungsplatzsuchende

Mit den besten Beispielen erfolgreicher Kandidaten

Online Content für Ihre Bewerbung

STARK

Die Autoren

Jürgen Hesse, geboren 1951, geschäftsführender Diplom-Psychologe im Büro für Berufsstrategie, Berlin.

Hans Christian Schrader, geboren 1952, Diplom-Psychologe in Baden-Württemberg.

Anschrift der Autoren

Hesse / Schrader
Büro für Berufsstrategie
Oranienburger Straße 4 – 5
10178 Berlin
Tel. 030 28 88 57-0
Fax 030 28 88 57-36
www.hesseschrader.com

Zusätzlich zu diesem Buch erhalten Sie folgenden **Online Content**, den Sie nutzen können, um Ihre eigenen Bewerbungsunterlagen schneller und einfacher zu erstellen:

- Alle Bewerbungsbeispiele aus diesem Buch zum Herunterladen und Bearbeiten (RTF-Format)
- Zusätzliche Bewerbungsbeispiele

Um den Online Content nutzen zu können, folgen Sie den Anweisungen auf der Seite **www.berufundkarriere.de/onlinecontent**

Verlag und Autoren bedanken sich bei den auf den Bewerbungsfotos abgebildeten Personen und bei der Fotografin Regine Peter.

ISBN 978-3-8490-2088-0

© 2016 (2) Stark Verlag GmbH
www.berufundkarriere.de

Das Werk und alle seine Bestandteile sind urheberrechtlich geschützt. Jede vollständige oder teilweise Vervielfältigung, Verbreitung und Veröffentlichung bedarf der ausdrücklichen Genehmigung des Verlages.

Inhalt

Perfekte Bewerbungsunterlagen 4

Kommentierte Unterlagen 5

- Christina Kaiser
  Servicekauffrau im Luftverkehr 6
- Linda Schneider
  Bankkauffrau 28
- Finn Nordmann
  Schreiner 37
- Susanne Brinkmann
  Friseurin 41
- Dimitri Borzakov
  Anlagenmechaniker für Sanitär-, Heizungs- und Klimatechnik 45
- Anna Lengner
  Köchin 49
- Felix Grünert
  Kfz-Mechatroniker 55
- Julia Grünmann
  Gärtnerin 59
- Marie Schlüter
  Goldschmiedin 64
- Stefan Pauls
  Fachinformatiker 68
- Kerstin Frommeyer
  Ergotherapeutin 73
- Jonas Becker
  Krankenpfleger 78
- Lukas Jansen
  Bankkaufmann 82
- Sasha Moran
  Bürokaufmann 86
- Lisa Müller-Stern
  Einzelhandelskauffrau 90
- Alexander Held
  Fachangestellter 94
- Thomas Marquart
  Werbekaufmann 97
- Nina Meyer
  Buchhändlerin 100
- Verena Lamping
  Duales Studium, BWL 103
- Drei Varianten zum
  Anschreiben 106
- Zwei Varianten zum
  Nachfassen 110

So gelangen Sie zu Ihrem Online Content 77

Bewerbungsunterlagen maßgeschneidert 113

Literaturhinweise 117

14 Lektionen

1. Worauf es jetzt wirklich ankommt 7
2. Das ist bei Ihren schriftlichen Unterlagen besonders wichtig 12
3. Hilfreicher Leitfaden 15
4. Die wichtigsten Bausteine 20
5. Auf Ihre Überzeugungskraft kommt es an 22
6. Ihr Foto ist einer der wichtigsten Weichensteller 27
7. Warum Ausdauer so wichtig für Ihr Bewerbungsvorhaben ist 28
8. Warum Sie vor der Bewerbung zum Telefon greifen sollten 36
9. Wie Sie richtig suchen 40
10. Warum Sie unbedingt auch auf Initiativbewerbungen setzen sollten 48
11. Die besondere Bedeutung des Internets für Ihre Bewerbung 85
12. Die fünf häufigsten Bewerbungsfehler 99
13. Wie Sie schlechte Schulleistungen erklären 102
14. Sie sind eingeladen zum Test/ Vorstellungsgespräch 105

Perfekte Bewerbungsunterlagen

Spätestens gegen Ende des vorletzten Schuljahres sollte man wissen, wie es nach dem Schulabschluss weitergehen soll und welche Ausbildung man wo machen möchte. Zugegeben: leichter gesagt als getan. Aber der große Run auf die interessantesten Ausbildungsplätze beginnt früh. Wer für sich und seine berufliche Zukunft etwas Besonderes wünscht, muss sich schon ein bisschen anstrengen und sich etwas einfallen lassen, selbst wenn sich die Lage für Ausbildungsplatzsuchende deutlich gebessert hat.

Wichtig ist es daher, mit einer besonders überzeugenden Bewerbung positiv aufzufallen, sich von den Dutzenden eher langweiligen, einfallslosen Bewerbungen abzuheben. Darauf kommt es an! Nur wie? Viele Fragen tun sich auf: Worauf muss ich speziell bei Anschreiben und Lebenslauf achten, welche Möglichkeiten habe ich, dem Ganzen eine individuelle Note zu geben? Muss ich immer strikt alle formalen Standards einhalten? Oft klammert man sich sklavisch an längst veraltete Vorgaben und lässt der eigenen Fantasie nur wenig Raum. Wer es versteht, sich auf angenehm originelle Weise ins rechte Licht zu rücken, erhöht seine Chancen. Und das ist es, wobei wir Ihnen behilflich sein wollen – mit diesem Buch und zahlreichen Bewerbungsvorlagen als Online Content.

Auf den nächsten Seiten präsentieren wir Ihnen deshalb neue und klassische Formen und Wege der Selbstdarstellung, mit denen Sie sicher Eindruck machen. Jeder* kann von den kreativen Ideen und gezeigten Darstellungsmöglichkeiten profitieren. Im Buch haben wir die typischen Anlagen wie Zeugnisse und andere Nachweise weggelassen, da dies sonst den Rahmen sprengen würde.

Zu jeder Bewerbung finden Sie unseren Kommentar, der sich mit den Vorteilen, aber gelegentlich auch mit Fehlern oder zumindest noch verbesserungswürdigen Details auseinandersetzt. Bekanntlich gibt es ja nichts, was sich nicht noch verbessern ließe.

Unser Vorschlag: Lassen Sie zunächst einmal die kompletten Bewerbungsunterlagen auf sich wirken, und überlegen Sie dann, was Ihnen besonders gefällt und was Sie für Ihre Bewerbung übernehmen könnten.

Und glauben Sie nicht, allein das Ausfüllen eines Online-Formulars würde schon ausreichen, vielleicht eine kurze Mail, alles easy, kein Anschreiben, kein Basteln an der Lebenslaufdarstellung. Früher oder später werden Sie eben doch aufgefordert, Ihren tabellarischen Lebenslauf und ein (Motivations-)Anschreiben mitzubringen oder nachzureichen. Deshalb ergibt es Sinn, sich schon jetzt damit auseinanderzusetzen und es nicht bis zur letzten Minute aufzuschieben …

Wir zeigen und erklären, worauf es bei einer perfekten Bewerbung ankommt. Als Online Content stehen Ihnen die Bewerbungsbeispiele aus diesem Buch und weitere Mustervorlagen zur Verfügung. Folgen Sie den Anweisungen auf der Seite **www.berufundkarriere.de/ www.onlinecontent**.

Mithilfe dieses Buches und unserem Online Content überwinden Sie garantiert schneller alle Probleme bei der Erstellung Ihrer überzeugenden schriftlichen Bewerbung und finden Ihren Wunsch-Ausbildungsplatz. Wir drücken Ihnen die Daumen!

Gutes Gelingen wünschen Ihnen

Jürgen Hesse

Hans Christian Schrader

---

* Die verwendete Sprachform dient der besseren Lesbarkeit und schließt immer auch das jeweils andere Geschlecht mit ein.

Kommentierte Unterlagen

Wir präsentieren Ihnen als Erstes sehr interessante und gut gemachte Bewerbungsunterlagen einer Ausbildungsplatzsuchenden, die sich für eine Stelle als Servicekraft im Luftverkehr bewirbt. Es werden verschiedene Bewerbungsvarianten vorgestellt, um Ihnen einen Überblick über die vielfältigen Möglichkeiten an Bewerbungsformen zu geben: per Mail, klassisch, modern, kreativ, kurz und initiativ.

Und schon jetzt noch ein wichtiger Hinweis:

Bei allem, was Sie hier sehen und vergleichen: Sie sollten diese Ideen **nicht einfach kopieren! Wichtiger ist es zu verstehen,** worauf es bei der richtigen Bewerbung ankommt. Das heißt: Lassen Sie sich durch die Beispiele anregen, aber gehen Sie trotzdem Ihren eigenen individuellen Weg. Achten Sie immer darauf, dass die persönliche Note Ihrer Bewerbung erhalten bleibt.

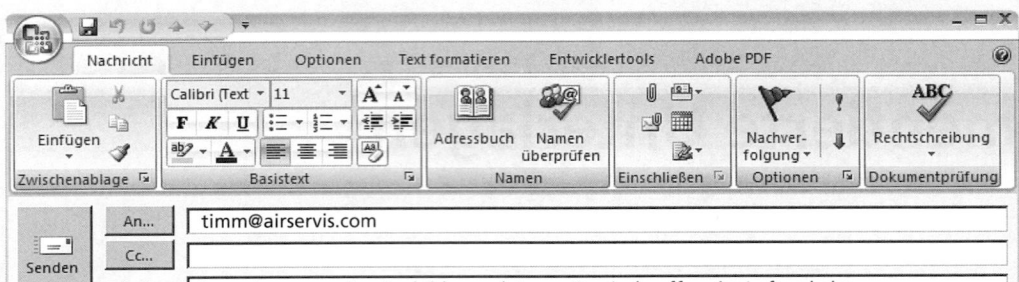

An... timm@airservis.com
Betreff: Bewerbung um den Ausbildungsplatz zur Servicekauffrau im Luftverkehr

Sehr geehrte Frau Timm,

vielen Dank für das sehr freundliche und ausführliche Telefonat von heute Morgen. Wie gewünscht sende ich Ihnen anbei die wichtigsten Bewerbungsdaten.

Schon oft bin ich auf Reisen mit Ihrer Fluggesellschaft unterwegs gewesen und habe mich dank des kompetenten Personals und des zuvorkommenden Services immer besonders wohlgefühlt.

Nun möchte ich gerne Teil Ihres Teams werden und bewerbe mich um den von Ihnen ausgeschriebenen Ausbildungsplatz im Luftverkehr.

Als wichtige Voraussetzungen für die Ausbildung (neben dem Abitur) bringe ich umfangreiche Sprach- und EDV-Kenntnisse, Erfahrung im Umgang mit Kunden, Organisationsgeschick und die Liebe zum Reisen mit.

Sollten Sie noch Fragen haben, zögern Sie bitte nicht, mich anzurufen.
Ich freue mich darauf, bald von Ihnen zu hören, und verbleibe bis dahin

mit freundlichen Grüßen von Frankfurt nach Berlin

Christina Kaiser

Persönliche Angaben
Geburtsdatum/-ort 7. April 1998 in München

Schule
07.2008 – 06.2017
Goethe-Gymnasium, Frankfurt
Voraussichtlicher Abschluss: Abitur
08.2004 – 06.2008
Grundschule, Frankfurt

Ausland
08.2013 – 06.2014
Schulaufenthalt, l'École de Lyon, Frankreich

Job
Seit 05.2015
Servicekraft im Café am Markt, Frankfurt
Bedienen der Gäste, Kassieren

Praktikum
07. – 08.2014
Praktikum als Servicekauffrau im Luftverkehr
Air Frankfurt, Frankfurt
Im Flughafen: Mitarbeit beim Buchen der Plätze im Flugzeug,
Wiegen des Gepäckes, Prüfen der Reisepässe, Ausstellen der Bordkarten
Im Flugzeug: Begleitung eines allein reisenden Kindes und eines Rollstuhlfahrers

Sprachen
Englisch: verhandlungssicher
Französisch: verhandlungssicher
Portugiesisch: fundierte Grundkenntnisse (VHS-Kurse I – V)

EDV
Word, Excel, PowerPoint: alles sehr gut
Zehnfingersystem: gut

Hobbys
Reisen, Basketball,
französisches Kino
(besonders Filme von Jean-Pierre Jeunet)

Frankfurt, 21. Oktober 2016

<u>Christina Kaiser</u>
Katharinenstraße 25
60549 Frankfurt
Telefon: 069 / 45 23 229
Mobil: 0163 / 43 544 72
E-Mail: C.Kaiser@gmx.de
www.xing.com/profile/christina_kaiser

Kommentar zur E-Mail-Bewerbung von Christina Kaiser

Hier eine ausführliche Variante einer E-Mail-Bewerbung. **Anschreiben** und **Lebenslauf** (im schlichten Layout) befinden sich komplett im E-Mail-Feld. Zusätzlich hat Christina ihr letztes Schulzeugnis, die Praktikumsbescheinigung, das Zertifikat des Schulaufenthaltes in Frankreich und ein Zwischenzeugnis ihrer Tätigkeit als Servicekraft als PDF-Datei angehängt.

Christina hat die Gelegenheit genutzt und die Ansprechpartnerin vorab telefonisch kontaktiert. Sehr schön – das macht sicher einen positiven Eindruck! Und nun sendet sie auf Wunsch von Frau Timm auch sofort noch die gewünschten Dokumente (Zeugnisse, Bescheinigungen …).

Gleich zu Beginn der E-Mail bedankt sie sich – wie es sich gehört – für das freundliche Telefonat und erklärt dann, warum sie sich ausgerechnet bei der AirServis GmbH ausbilden lassen möchte. Prima! So wird direkt klar, dass es sich für Christina bei der AirServis GmbH nicht um einen x-beliebigen Ausbilder, sondern um den Wunsch-Ausbildungsplatz von Christina handelt.

Die Bewerberin stellt kurz und knapp die für sie sprechenden positiven Voraussetzungen für die Ausbildung dar und beendet das E-Mail-Anschreiben mit einem sehr freundlichen Abschlusssatz.

Der **Lebenslauf** ist ein bisschen ausführlicher als bei einer E-Mail-Kurzbewerbung. Christina arbeitet beim Praktikum heraus, in welche Aufgaben sie genau »hineinschnuppern« durfte, und gibt auch für die Tätigkeit als Servicekraft Aufgabenschwerpunkte an. Zuletzt geht sie auf ihre Hobbys ein und zeichnet so alles in allem ein umfassendes und ansprechendes Bild von ihrer Person.

Bemerkenswert: was man alles schon in einer E-Mail abhandeln kann!

Verbesserungswürdig: Wir sind der Meinung, dass es an der E-Mail-Bewerbung eigentlich nichts zu verbessern gibt. Sehen Sie das genauso?

1. Lektion Worauf es jetzt wirklich ankommt

Viele Antworten sind vorstellbar. Nach unserer Einschätzung ist das Wichtigste: die Einstellung des Azubi-Bewerbers. Und dies im doppelten Wortsinne, d. h. die mentale Auseinandersetzung und Einstimmung auf Ihr Vorhaben, einen Ausbildungsplatz zu erobern. Dabei spielt die gründliche Vorbereitung die alles entscheidende Hauptrolle.

Je besser Sie sich vorbereiten, desto größer sind Ihre Chancen, den Bewerbungsmarathon in möglichst kurzer Zeit erfolgreich zu durchlaufen. Die Vorbereitung macht's!

Christina Kaiser
Katharinenstraße 25
60549 Frankfurt
Telefon: 069 / 45 23 229
Mobil: 0163 / 43 544 72
E-Mail: C.Kaiser@gmx.de

AirServis GmbH
Frau A. Timm
Am Flughafen 1
10245 Berlin   Frankfurt, 21. Oktober 2016

Ihre Annonce in der FAZ (16.10.2016)
Ausbildung zur Servicekauffrau im Luftverkehr

Sehr geehrte Frau Timm,

da ich auf vielen meiner bisherigen Reisen mit Ihrer Fluggesellschaft geflogen bin und mich sowohl beim Check-in als auch an Bord immer besonders wohl gefühlt habe, möchte ich meinen Traumberuf „Servicekauffrau im Luftverkehr" sehr gerne bei Ihnen erlernen.

Ich bin 18 Jahre alt und werde die Schule im kommenden Sommer mit dem Abitur verlassen. Schon lange interessiere ich mich für den Beruf der Servicekauffrau im Luftverkehr – ich liebe die geschäftige Atmosphäre am Flughafen, habe Spaß an einer Arbeit mit viel Kundenkontakt und bin gerne unterwegs. Außerdem konnte ich durch meine Tätigkeit in einem Café bereits vielfältige Erfahrung im Umgang mit Kunden sammeln, wobei ich immer großen Wert auf Serviceorientiertheit gelegt habe und meine Belastbarkeit an vielen stressigen Tagen unter Beweis stellen konnte.

Neben ausgezeichneten Sprachkenntnissen in Englisch und Französisch sowie Grundkenntnissen der portugiesischen Sprache bringe ich solide EDV-Kenntnisse mit und zeichne mich durch Organisationstalent aus.

Wenn meine Bewerbung Ihr Interesse geweckt hat, freue ich mich auf ein Kennenlernen im schönen Berlin.

Mit freundlichen Grüßen aus Frankfurt

Christina Kaiser

Anlagen

Bewerbungsunterlagen

für

AirServis GmbH
Frau A. Timm
Am Flughafen 1
10245 Berlin

Christina Kaiser
Ausbildungskandidatin
für Servicekauffrau im Luftverkehr

Katharinenstraße 25
60549 Frankfurt
Telefon: 069 / 45 23 229
Mobil: 0163 / 43 544 72
E-Mail: C.Kaiser@gmx.de

Lebenslauf

von

Christina Kaiser

Persönliche Daten

Geburtsdatum / -ort 7. April 1998 in München

Schulbildung

08.2004 – 06.2008 Grundschule, Frankfurt
07.2008 – 06.2017 Goethe-Gymnasium, Frankfurt
 Voraussichtlicher Abschluss: Abitur,
 Durchschnittsnote unter 2,0

Praktikum

07. – 08.2014 Praktikum als Servicekauffrau im Luftverkehr
 Air Frankfurt, Frankfurt
- *Im Flughafen: Mitarbeit beim Buchen der Plätze im Flugzeug, Wiegen des Gepäckes, Prüfen der Reiseunterlagen, Ausstellen der Bordkarten*
- *Im Flugzeug: Begleitung eines allein reisenden Kindes und eines Rollstuhlfahrers*

Job

Seit 05.2014 Servicekraft, Café am Markt, Frankfurt
- *Bedienen der Gäste, Kassieren*

Auslandsaufenthalt

08.2013 – 06.2014 Schulaufenthalt, l'École de Lyon, Frankreich

Sprachen

Englisch und Französisch fließend in Wort und Schrift
Portugiesisch solide Grundkenntnisse (VHS-Kurse I – V)

EDV-Kenntnisse

Word, Excel, PowerPoint sehr gut
Zehnfingersystem gut

Hobbys

Reisen, Basketball, französisches Kino (besonders Filme von Jean-Pierre Jeunet)

Frankfurt, 21. Oktober 2016

Christina Kaiser

Anlagenverzeichnis

Abschlusszeugnis Klasse 12

Zertifikat der Schule in Lyon

Zwischenzeugnis der Tätigkeit als Servicekraft

Bescheinigung über das Praktikum am Frankfurter Flughafen

Sprachzertifikat der VHS Frankfurt (Portugiesisch)

Warum ich mich für eine gute Service-Mitarbeiterin halte

Kommentar zur klassischen Bewerbung von Christina Kaiser

Christinas Bewerbungsunterlagen könnten per klassischer Post oder E-Mail verschickt werden. Wir sehen hier ein angenehm kurzes, gut aufgestelltes **Anschreiben** mit sehr ordentlicher Zeilenführung, die den Sinn der Sätze unterstützt und fördert und nie beispielsweise ein einzelnes Wort allein am Satzende auf der Zeile stehen lässt.

Die Bewerbung verfügt über ein schönes **Deckblatt mit Foto**, einen gelungenen **Lebenslauf** sowie ein übersichtliches **Anlagenverzeichnis** (jedoch aus Platzgründen hier im Buch ohne Anlagen). Leider hat Christina nicht die Gelegenheit genutzt, telefonisch Kontakt mit der Ansprechpartnerin aufzunehmen. Schade – vertut sie doch so die Chance, durch ein gut vorbereitetes und freundliches Telefonat schon mal vorab einige Pluspunkte zu sammeln und vielleicht auch noch an wichtige und nützliche Infos für ihr Bewerbungsvorhaben zu gelangen.

Ein schön gestaltetes **Deckblatt** mit sehr sympathischem **Foto**, unter Christinas Name gleich der Berufswunsch, eine elegante **Lebenslaufseite** mit überzeugenden ersten Erfahrungen aus der Arbeitswelt des Servicebereiches und ein **Anlagenverzeichnis** runden diese eher klassische Bewerbungsversion positiv ab. Besonders raffiniert auf dieser Anlagenübersicht: das Angebot (letzte Zeile!). Haben Sie es gleich entdeckt und sind schon neugierig? Schade, dass wir Ihnen hier nicht die Anlagen präsentieren …

Bemerkenswert: ein sehr schönes Design, schlichte Eleganz.

Verbesserungswürdig: eventuell eine andere Schriftart als Times New Roman.

2. Lektion Das ist bei Ihren schriftlichen Unterlagen besonders wichtig

Ihre persönliche Botschaft (Beispiel: »Ich bin Ihr schnell lernender, hoch motivierter Azubi«) gilt es dem Empfänger überzeugend zu vermitteln. In der Regel entscheiden Ihre eingereichten Unterlagen, ob sich auf Ausbilder- und Auswählerseite Interesse an Ihrer Bewerbung entwickelt und man dadurch neugierig auf Sie wird. In der Konsequenz verbindet sich das dann mit dem Wunsch, Sie persönlich kennenzulernen.

Wie wichtig eine Einladung zum Vorstellungsgespräch für Sie ist, brauchen wir wohl kaum weiter auszuführen. Daher ist es geradezu unverständlich, mit wie wenig Engagement und wenig kreativem Gestaltungswillen sich heutzutage viele Kandidaten präsentieren.

Wichtig: Überlegen Sie sich genau, was Sie *wie* Ihrem potenziellen Ausbilder über Ihre Kompetenz, Leistungsmotivation und Wesensart (Persönlichkeit) mitteilen wollen.

Ausbildungsplatzsuchende

Christina Kaiser

Katharinenstraße 25
60549 Frankfurt
Telefon: 069 / 45 23 229
Mobil: 0163 / 43 544 72
E-Mail: C.Kaiser@gmx.de
www.xing.com/profile/christina_kaiser

AirServis GmbH
Frau A. Timm
Am Flughafen 1
10245 Berlin

Frankfurt, 21. Oktober 2016

Ausbildung zur Servicekauffrau im Luftverkehr
Ihre Annonce in der FAZ (16.10.2016)

Sehr geehrte Frau Timm,

wir haben heute telefoniert, danke für Ihre Zeit!
Wie angekündigt: Ich hatte versprochen, Ihnen meine Bewerbung zuzusenden, und hier ist sie:

Ich bin 18 Jahre alt und werde die Schule im kommenden Sommer mit dem Abitur verlassen.
Schon lange interessiere ich mich für den Beruf der Servicekauffrau im Luftverkehr und bringe neben ausgezeichneten Sprachkenntnissen in Englisch und Französisch sowie ordentlichen Grundkenntnissen der portugiesischen Sprache sogar auch schon recht solide EDV-Kenntnisse mit. Ich verfüge über ein gutes Organisationstalent, vertrage eine gute Portion Stress und liebe den Umgang mit Menschen.

Wenn Ihr Interesse geweckt ist, freue ich mich auf ein Kennenlernen im schönen Berlin.

Mit besten Grüßen aus Frankfurt nach Berlin

Christina Kaiser

Anlagen

Lebenslauf

Ausbildungsplatzsuchende
Christina Kaiser

Geburtsdatum / -ort

7. April 1998 in München
Katharinenstraße 25 • 60549 Frankfurt
Telefon: 069 / 45 23 229 • Mobil: 0163 / 43 544 72
E-Mail: C.Kaiser@gmx.de
www.xing.com/profile/christina_kaiser

Job

Seit 07.2014

Servicekraft, Café am Markt, Frankfurt
- *Bedienen der Gäste, Kassieren*

Auslandsaufenthalt

08.2013 – 06.2014

Schulaufenthalt, l'École de Lyon, Frankreich

Schulbildung

08.2004 – 06.2017

Grundschule und Goethe-Gymnasium in Frankfurt
Voraussichtlicher Abschluss: Abitur, Durchschnittsnote unter 2,0

Praktikum

07. – 08.2014

Praktikum als Servicekauffrau im Luftverkehr
Air Frankfurt, Frankfurt
- *Im Flughafen: Mitarbeit beim Buchen der Plätze im Flugzeug, Wiegen des Gepäckes, Prüfen der Reiseunterlagen, Ausstellen der Bordkarten*
- *Im Flugzeug: Begleitung eines allein reisenden Kindes und eines Rollstuhlfahrers*

Sprachen

Englisch und Französisch   fließend in Wort und Schrift
Portugiesisch   solide Grundkenntnisse (VHS-Kurse I – V)

EDV-Kenntnisse

Word, Excel, PowerPoint   sehr gut
Zehnfingersystem   gut

Hobbys

Reisen, Basketball, französisches Kino (besonders Filme von Jean-Pierre Jeunet)

Frankfurt, 21. Oktober 2016

Christina Kaiser

Anlagen

Abschlusszeugnis Klasse 12
Zertifikat der Schule in Lyon
Zwischenzeugnis der Tätigkeit als Servicekraft
Bescheinigung über das Praktikum am Frankfurter Flughafen
Sprachzertifikat der VHS Frankfurt (Portugiesisch)

Kommentar zur modernen Version der Bewerbungsunterlagen von Christina Kaiser

Auch diese Variante kann per Post oder E-Mail verschickt werden. Wir sehen **Anschreiben, Lebenslauf mit Foto** und ein kleines **Anlagenverzeichnis** (ohne die Anlagen), beide recht speziell platziert. Christina hat sich für ein schlichtes, aber doch ansprechendes Design entschieden. Diesmal die moderne Version mit XING-Profil und einem etwas anders aufgebauten **Lebenslauf**. Jetzt hat sie telefonisch Kontakt mit der Ansprechpartnerin aufgenommen und kann sich in ihrem Anschreiben darauf beziehen.

Eine elegante – mit überzeugenden ersten Service-Erfahrungen startende – **Lebenslaufseite** und ein kleines **Anlagenverzeichnis** runden diese moderne Version sehr positiv ab. Besonders raffiniert ist die Übersicht neben dem Foto, das hier unten rechts steht, was auch ziemlich außergewöhnlich ist.

Bemerkenswert: Auch mit nur zwei Seiten und einem deutlich kürzeren Anschreiben kann man viel transportieren. Die Kopfzeile (Ausbildungsplatzsuchende) und der Hinweis auf das XING-Profil machen neugierig. Sehr gelungen: der Lebenslauf und die außergewöhnliche Positionierung von Foto und Anlagenauflistung.

Verbesserungswürdig: vielleicht eine andere Schriftart.

3. Lektion — Hilfreicher Leitfaden

Es geht um den ersten guten Eindruck. In der Werbepsychologie gibt es eine Grundformel, die beschreibt, wie Wirkung erzielt werden kann: die AIDA-Formel.

- **A** für attention (Aufmerksamkeit erzeugen)
- **I** für interest (Interesse wecken)
- **D** für desire (Wunsch auslösen, zum Vorstellungsgespräch einzuladen)
- **A** für action (die Aktivität, also die Einladung auslösen)

Ziel muss es sein, Aufmerksamkeit und Interesse zu wecken, um den Schritt »Einladung zu einem Vorstellungsgespräch« auszulösen. Stellen Sie alle wichtigen Argumente, die Sie vorzubringen haben, in kurzer Form in Ihrem Lebenslauf dar, zusätzlich aber auch in Ihrem Anschreiben.

Je mehr Wertschätzung Sie Ihrem potenziellen Ausbilder durch eine gründlich vorbereitete Bewerbung entgegenbringen, desto höher sind Ihre Chancen, zu einem Vorstellungsgespräch eingeladen zu werden.

Christina Kaiser
Katharinenstraße 25
60549 Frankfurt
Telefon: 069 / 45 23 229
Mobil: 0163 / 43 544 72
E-Mail: C.Kaiser@gmx.de

AirServis GmbH
Frau Timm
Am Flughafen 1
10245 Berlin

Frankfurt, 21. Oktober 2016

Ihr Aufruf für den Flug in die berufliche Zukunft als Servicekauffrau im Luftverkehr
Frankfurter Allgemeine Zeitung vom 16.10.2016

Sehr geehrte Frau Timm,

danke, dass Sie sich gestern die Zeit für das ausführliche Telefonat mit mir genommen haben. Es hat mich in dem Wunsch bestärkt, bei Ihnen als Auszubildende an Bord zu gehen, sodass ich Ihnen anbei meine ausführlichen Bewerbungsunterlagen zusende.

Im Juni 2017 werde ich die Schule sowohl mit dem Abitur als auch mit sehr guten EDV- und Sprachkenntnissen (Englisch und Französisch wirklich verhandlungssicher, Portugiesisch stabile Grundkenntnisse) verlassen.

Durch ein Praktikum am Frankfurter Flughafen ist meine schon lange während Überzeugung weiter gewachsen: **„Servicekauffrau im Luftverkehr" ist mein Traumberuf**, der mir sicher große Freude bereiten wird und in den ich meine Fähigkeiten und Eigenschaften optimal einbringen kann.

Während meiner Tätigkeit in einem Café habe ich mich im Umgang mit Kunden stets durch mein freundliches Wesen und guten Service ausgezeichnet. Zudem konnte ich an vielen stressigen Tagen meine große Belastbarkeit unter Beweis stellen und zeigen, dass ich auch bei Turbulenzen stets den Überblick behalte und Ruhe ausstrahle.
Wenn ich mit meiner Bewerbung bei Ihnen landen konnte, freue ich mich auf die Einladung zu einem Check-in in meiner Lieblingsstadt Berlin.

Mit besten Grüßen aus Frankfurt

Christina Kaiser

Handgepäck

Christina Kaiser
Katharinenstraße 25
60549 Frankfurt
Telefon: 069 / 45 23 229
Mobil: 0163 / 43 544 72
E-Mail: C.Kaiser@gmx.de

Auf dem Flug ....

Bewerbung

als Auszubildende zur Servicekauffrau im Luftverkehr

AirServis GmbH

.... in Ihr Unternehmen

Bisherige Flugroute von Christina Kaiser

✈ **Persönliche Daten**

7. April 1998	Geburtsdatum
München	Geburtsort

✈ **Schulbildung**

Grundschule, Frankfurt	08.2004 – 06.2008
Goethe-Gymnasium, Frankfurt	07.2008 – 06.2017
Voraussichtlicher Abschluss: Abitur	

✈ **Praktikum**

Servicekauffrau im Luftverkehr	07. – 08.2014
Air Frankfurt, Frankfurt	

✈ **Job**

Servicekraft	Seit 05.2015
Café am Markt, Frankfurt	

✈ **Auslandsaufenthalt**

Schulaufenthalt, l'École de Lyon, Frankreich	08.2013 – 06.2014

✈ **Sprachen**

fließend in Wort und Schrift	Englisch
fließend in Wort und Schrift	Französisch
solide Grundkenntnisse (VHS-Kurse I – V)	Portugiesisch

✈ **EDV-Kenntnisse**

sehr gut	Word, Excel, PowerPoint
gut	Zehnfingersystem

✈ **Hobbys**

Reisen	Kultur
Basketball	Sport
Filme von Jean-Pierre Jeunet	Kino

Frankfurt, 21. Oktober 2016

Christina Kaiser

Auf dem Flug in Ihr Unternehmen!

Verzeichnis meiner Boarding Cards

✈ Abschlusszeugnis Klasse 12

✈ Zertifikat der Schule in Lyon

✈ Zwischenzeugnis der Tätigkeit als Servicekraft

✈ Bescheinigung über das Praktikum am Frankfurter Flughafen

✈ Sprachzertifikat der VHS Frankfurt (Portugiesisch)

Kommentar zur Kreativbewerbung von Christina Kaiser

Bei dieser Bewerbung hat sich Christina viel Mühe gegeben, positiv aufzufallen. Ihr ist der Ausbildungsplatz bei der AirServis GmbH sehr wichtig, und das soll man ihren Unterlagen auf den ersten Blick ansehen. Also hat sie ihrer Kreativität freien Lauf gelassen (wenn auch in Maßen), um mit ihren Unterlagen zwischen den vermutlich zahlreich eingehenden anderen Bewerbungen ein deutliches Zeichen zu setzen. Ein schmaler Grat, nicht zu viel, auch nicht zu wenig, aber auch keine bloße Effekthascherei! Es ist schwierig, hier immer das richtige Maß zu finden. Wir meinen, es ist ihr gelungen. Das Urteil liegt natürlich im Auge des Betrachters, wobei diese Bewerbung zweifelsohne sehr, sehr positiv auffällt! Der Einsatz hat sich gelohnt! Ja, ohne Fleiß kein Preis …

Christina hat nicht nur jede Seite ihrer Bewerbungsunterlagen mit einem Flugzeug versehen, sie hat auch die Überschriften sowie die Daten im **Lebenslauf** rechtsbündig angeordnet, was ihr zusätzliche Aufmerksamkeit einbringen wird. Außerdem spielt sie im Text mit Begriffen aus dem Luftverkehr, wodurch sich ihre Unterlagen ebenfalls erfrischend von der Masse abheben. Bravo, wirklich sehr gelungen!

Bemerkenswert: optische Gestaltung und Wording (der Text).

Verbesserungswürdig: Christinas Kreativbewerbung ist insgesamt wirklich sehr gut gelungen. Allerdings könnte sie einen kurzen Hinweis auf ihre Motivation geben, weshalb sie genau eine Ausbildung bei der AirServis GmbH machen möchte, wie sie dies auch in den anderen Anschreiben gemacht hat.

4. Lektion Die wichtigsten Bausteine

Ihr »Werbeprospekt« in eigener Sache (Lebenslauf) kommt an erster Stelle, dann die »Empfehlungsschreiben« (Zeugnisse) und deutlich nachgeordnet in seiner Bedeutung – Ihr Anschreiben. Wenn auch alle drei Dokumente in ihrer Gesamtbedeutung nicht zu unterschätzen sind, in der Gewichtung gibt es schon Unterschiede.

Eine Art Visitenkarte Ihrer Persönlichkeit wird durch Ihr Foto und Ihre Hobbys kommuniziert. Das gilt ebenso für spezielle Interessen, Engagements oder besondere ehrenamtliche Tätigkeiten. Generell kann man sagen: Wenn aus dem Hobby Eigenschaften oder Verhaltensmerkmale abzuleiten sind, die für das Berufsleben wichtig sein könnten, sollten Sie nicht zögern, dies in Ihren Bewerbungsunterlagen zu vermitteln.

Für das Bild, das sich andere von Ihnen aufgrund Ihrer Bewerbung machen, sind Sie selbst verantwortlich. Sorgen Sie dafür, dass es »rund« ist und strahlt.

christina kaiser

AirServis GmbH
Frau Antje Timm
Am Flughafen 1
10245 Berlin

21.10.2016

Anzeige in der Frankfurter Allgemeinen Zeitung vom 16.10.2016
Ausbildung: Servicekauffrau im Luftverkehr

Sehr geehrte Frau Timm,

sehr gerne möchte ich mich von Ihrem renommierten Unternehmen im Luftverkehr ausbilden lassen und sende Ihnen meine Kurzbewerbung.

Zu meinen Voraussetzungen:

- Geboren am 7. April 1998 in München
- Goethe-Gymnasium Frankfurt seit Juli 2008
- Einjähriger Schulaufenthalt in Frankreich (2013/2014)
- Abitur im Juni 2017
- Eineinhalb Jahre Berufserfahrung als Servicekraft in einem Café
- Sechswöchiges Praktikum am Flughafen Frankfurt
- Sehr gute Sprachkenntnisse des Englischen und Französischen
- Gute Grundkenntnisse des Portugiesischen
- Fundierte EDV-Kenntnisse (Word, Excel, PowerPoint, Zehnfingersystem)

Ich liebe das Reisen und die aufregende Atmosphäre am Flughafen und habe Freude am Umgang mit Kunden sowie an Verwaltungs- und Organisationsaufgaben.

Gerne sende ich Ihnen die vollständigen Bewerbungsunterlagen zu und stehe für Fragen telefonisch oder persönlich zur Verfügung.

Mit besten Grüßen nach Berlin

Christina Kaiser

katharinenstraße 25
60549 frankfurt
mobil: 0163 / 43 544 72
e-mail: c.kaiser@gmx.de

Kommentar zur Kurzbewerbung von Christina Kaiser

In diesem Beispiel schickt Christina zunächst nur eine Kurzbewerbung an die AirServis GmbH, um ein erstes Interesse an ihrer Person zu wecken. Sie hat sich für eine einseitige Kombination aus **Anschreiben** und **Lebenslauf mit Foto** entschieden und präsentiert nun kurz und knapp in optisch ansprechender Form ihre wichtigsten Daten und Voraussetzungen für den Ausbildungsplatz. Wie bei einer Kurzbewerbung üblich, bietet sie am Ende des Anschreibens an, ihre vollständigen Bewerbungsunterlagen nachzureichen. Die Chancen stehen gut.

So etwas kann man per Mail, aber auch per Post in einem einfachen Briefumschlag verschicken!

Bemerkenswert: die im Anschreiben aufgeführte Fakten- und Argumentationsliste.

Verbesserungswürdig: Besser wäre eine Schrift, die um einen Punkt größer als die verwendete ist.

5. Lektion   Auf Ihre Überzeugungskraft kommt es an

Bei Ihrer schriftlichen Bewerbung geht es darum, zu überzeugen. Wen und wovon? Den Ausbilder müssen Sie nun davon überzeugen, dass Sie sich genügend Zeit genommen und sich sehr gut überlegt haben, warum Sie diese Ausbildung in diesem Betrieb beginnen wollen. Also nicht etwa, weil die Eltern oder die beste Freundin dies sagen, sondern: Sie haben intensiv recherchiert, mit verschiedenen Personen gesprochen, diskutiert und möglichst auch noch in Form von Praktika ausprobiert, ob diese Ausbildung und der sich anschließende berufliche Alltag das Richtige für Sie sind.

Genau das sind die Beweggründe, die erst Sie von dieser Ausbildung überzeugt haben und jetzt den Empfänger Ihrer Bewerbung überzeugen sollen.

Christina Kaiser
Katharinenstraße 25
60549 Frankfurt
Mobil: 0163 / 43 544 72
E-Mail: C.Kaiser@gmx.de
www.xing.com/profile/christina_kaiser

AirServis GmbH
Frau Antje Timm
Am Flughafen 1
10245 Berlin

21. Oktober 2016

■ Initiativbewerbung unser gestriges Telefonat
2017 Auszubildende Servicekauffrau im Luftverkehr

Sehr geehrte Frau Timm,

vielen Dank für das ausführliche und sehr angenehme Telefongespräch.
Über die Nachricht, dass bei Ihnen ab August 2017 noch ein Ausbildungsplatz zur Servicekauffrau im Luftverkehr frei ist, habe ich mich sehr gefreut und sende Ihnen nun wie gewünscht meine Bewerbungsunterlagen.

Zunächst noch einmal meine wichtigsten Voraussetzungen:

- Abitur im Juni 2017
- ausgezeichnete Sprachkenntnisse des Englischen und Französischen
- gute Grundkenntnisse des Portugiesischen
- solide EDV-Kenntnisse (Word, Excel, PowerPoint, Zehnfingersystem)
- Berufserfahrung als Servicekraft
- erste Einblicke in den Berufsalltag durch Praktikum am Flughafen Ffm

Ich freue mich ganz besonders darauf, Sie in Berlin zu besuchen und spätestens im nächsten Sommer in diese schöne Stadt umzuziehen.

Mit freundlichen Grüßen aus Frankfurt

Christina Kaiser

Anlagen

Christina Kaiser
Katharinenstraße 25
60549 Frankfurt
Mobil: 0163 / 43 544 72
E-Mail: C.Kaiser@gmx.de
www.xing.com/profile/christina_kaiser

angehende Servicekauffrau im Luftverkehr:

- freundlich im Umgang mit Kunden
- flexibel einsetzbar
- stressresistent

Christina Kaiser
Katharinenstraße 25
60549 Frankfurt
Mobil: 0163 / 43 544 72
E-Mail: C.Kaiser@gmx.de
www.xing.com/profile/christina_kaiser

Lebenslauf

Geboren am 7. April 1998 in München

■ Schullaufbahn

07/08 bis 06/17	Goethe-Gymnasium, Frankfurt Voraussichtlicher Abschluss: Abitur
08/04 bis 06/08	Grundschule, Frankfurt

■ Praktische Erfahrung

Seit 05/15	Servicekraft Café am Markt, Frankfurt
07/ bis 08/14	Praktikum als Servicekauffrau im Luftverkehr Air Frankfurt, Frankfurt

■ Auslandserfahrung

08/13 bis 06/14	Schulaufenthalt, l'École de Lyon, Frankreich

■ Sonstiges

Sprachen	Englisch: fließend in Wort und Schrift
	Französisch: fließend in Wort und Schrift
	Portugiesisch: solide Grundkenntnisse (5 VHS-Kurse)
EDV-Kenntnisse	Word und Excel: sehr gut, Zehnfingersystem: gut
Führerschein	Klasse B, Pkw vorhanden
Hobbys	Reisen, Basketball, französisches Kino (besonders Filme von Jean-Pierre Jeunet)

Frankfurt, 21. Oktober 2016

Christina Kaiser

Christina Kaiser
Katharinenstraße 25
60549 Frankfurt
Mobil: 0163 / 43 544 72
E-Mail: C.Kaiser@gmx.de
www.xing.com/profile/christina_kaiser

Mein Traumberuf

Servicekauffrau im Luftverkehr

Am Beruf der Servicekauffrau im Luftverkehr reizen mich besonders
die Arbeit mit Menschen und die Vielfältigkeit der Aufgaben:
Kaufmännische und organisatorische Arbeiten machen mir ebenso großen Spaß
wie der Umgang mit Gästen.
Als Servicekraft lege ich großen Wert auf Kundenorientiertheit
und habe Freude daran,
zufriedene Gäste als Stammkunden gewinnen zu können.
Zudem liebe ich das Reisen und mag es,
heute woanders als gestern und morgen zu sein.

Christina Kaiser

Kommentar zur Initiativbewerbung von Christina Kaiser

Bei dieser Initiativbewerbung entscheidet sich Christina für eine Kopfzeile (mit XING-Profil), die sich immer wieder in gleicher Form über die kompletten Bewerbungsunterlagen zieht.

Die Stellenanzeige in der Frankfurter Zeitung hat Christina in diesem Fall nicht gelesen, sondern initiativ telefonisch bei der AirServis GmbH nachgefragt, ob dort ab August 2017 ein Ausbildungsplatz frei ist. Sie telefonierte mit Frau Timm, die sie nun im **Anschreiben** namentlich ansprechen kann und bei der sie sich höflich für das Telefonat bedankt. Sehr gut! Das Anschreiben ist kurz und knapp und macht Lust auf mehr!

Das Deckblatt ist schön gestaltet, und die Bewerberin präsentiert unter ihrem **Foto** (wie im Anschreiben) ihre drei wichtigsten – für diesen Ausbildungsberuf relevanten – Stärken und Argumente.

Im **Lebenslauf** bleibt Christina dem gewählten Layout treu. Auch **die Dritte Seite** ist – sowohl optisch als auch inhaltlich – ansprechend gestaltet und vermittelt dem Leser glaubhaft, dass sich Christina um ihren Traum-Ausbildungsplatz bewirbt. Mehr Informationen zur Dritten Seite finden Sie auf Seite 114.

Nur aus Platzgründen haben wir Anlageverzeichnis und Anlagen weggelassen.

Bemerkenswert: die Kürze des Anschreibens und die Dritte Seite.

Verbesserungswürdig: eigentlich nichts!

---

6. Lektion Ihr Foto ist einer der wichtigsten Weichensteller

Es ist der klassische Sympathieträger, ein Hauptargument in Sachen »Persönlichkeit«, mit dem Sie die »Auswahlkommission« auf Ihre Seite ziehen können. Zu jeder guten Bewerbung gehört also unbedingt ein gutes, sympathisches Foto. Gesetzlich ist es kein Muss, aber wer damit Sympathie mobilisieren kann, hat einfach die besseren Chancen. Besonders dann, wenn die papierenen Qualifikationsnachweise doch nicht ganz so eindeutig für Sie sprechen.

Unterschätzen Sie also nicht die Macht der Bilder (hier des Fotos).

Kommentierte Unterlagen

Lernen durch Sehen, Vergleichen und Reflektieren

Achtung: Die nächsten Unterlagen der Bewerberin um einen Ausbildungsplatz sind alles andere als perfekt. Bitte schauen Sie genau hin! Was fällt Ihnen dabei auf? Hier geht es darum, aus den Fehlern der vorliegenden Unterlagen zu lernen. Also überlegen Sie: Wo genau stecken die Fehler? Lesen Sie nach Ihren eigenen Überlegungen unsere Hinweise in den entsprechenden Kommentaren. Sie finden zu diesem Beispiel die Vorher- und Nachher-Version sowie einen Kommentar. Lassen Sie zunächst einmal die Vorher-Version auf sich wirken. Was hätten Sie anders gemacht? Was missfällt Ihnen sofort? Aus diesen Fehlern können Sie viel lernen.

Wir fangen mit einem ganz einfachen Beispiel an. Ein junges Mädchen, sie ist Realschülerin, will eine Ausbildung zur Bankkauffrau absolvieren. Hier zeigen wir das Anschreiben und den Lebenslauf (in der ersten Version).

Viel besser gestaltet ist dagegen die zweite, verbesserte Version (siehe Seite 32 ff.). Hier hat sich die Azubi-Bewerberin schon einiges einfallen lassen, um mit ihren Unterlagen angenehm aus dem Rahmen zu fallen.

7. Lektion   Warum Ausdauer so wichtig für Ihr Bewerbungsvorhaben ist

Ausdauer gehört zu den wichtigsten Faktoren für ein erfolgreiches Bewerbungsvorhaben. Wer zu schnell resigniert, wird seine Ziele niemals erreichen. Wer hingegen – trotz offensichtlicher Aussichtslosigkeit – zu lange an einer Sache festhält, blockiert sich auf seinem Lebensweg unnötig selber. Erkennen Sie, wann Beharrlichkeit notwendig ist und wann Flexibilität und Neuorientierung. Leichter gesagt als umgesetzt, zugegeben! Ziehen Sie sich nach Absagen nicht ins stille Kämmerlein zurück, sondern reden Sie mit anderen darüber. Suchen Sie sich in Ihrer Familie und/oder Ihrem Freundeskreis Menschen, die zuhören, ohne Sie ständig zu bemitleiden oder Ihnen Vorwürfe zu machen, wenn nicht alles perfekt läuft.

Stabilisieren Sie Ihr Selbstvertrauen und den Glauben an die eigenen Fähigkeiten und beachten Sie folgenden Merksatz: Es gibt keinen Ersatz für Beharrlichkeit, Ausdauer und Durchhaltevermögen.

Linda Schneider
Schloßstraße 2
53105 Bonn
Tel.: 876 76 54

Bonn, den 12. Mai 2016

z. H. Herrn Biber
Bonner Stadtbank
Marheinekestr. 67-69

52330 Bonn

Betr.: Bewerbung um einen Ausbildungsplatz als Bankkauffrau

Sehr geehrte Damen und Herrn, sehr geehrter Herr Biber!

Wie mir bekannt ist, stellen Sie auch dieses Jahr wieder neue Auszubildende ein. Deshalb bewerbe ich mich. Der Beruf hat mich schon immer interessiert. Ich bin überzeugt, dass ich dafür wirklich bestens geeignet bin.

Zu meiner Person ganz kurz: Ich (15) besuche die 9. Klasse der Burg-Realschule und werde voraussichtlich im Sommer im nächsten Jahr meinen mittleren Schulabschluss dort auch schaffen. Meine Lieblingsfächer sind unter anderem Musik und Kunst und in der Freizeit fahre ich gern Rad, treibe Sport und treffe mich mit meinen Freunden.

Ich würde mich freuen, wenn die Möglichkeit bestände, in einem persönlichen Gespräch weitere Fragen zu klären.

Mit freundlichen Grüßen

L. Schneider

Anlagen: Tabellarischer Lebenslauf mit Foto
Zeugniskopien

Linda Schneider
Schloßstraße 2
53105 Bonn

Persönliche Daten	geb. 22.6. 2001
Staatsangehörigkeit:	deutsch
Eltern:	Olaf Schneider, Erzieher Anna Ritter, Maskenbildnerin
Geschwister:	Keine
Hobbys:	Fahrradfahren, in Clubs feiern
Ehrenamtliche Tätigkeit:	Schatzmeisterin im Jugend-Sport-Club Bonn-Friesdorf
Berufswunsch:	Bankkauffrau
Ausbildungsdaten	
Schule:	2007-2011 Montesquieu-Grundschule, Bonn, seit 2011 Burg-Realschule, Bonn
Voraussichtlicher Schulabschluss:	Mittlerer Schulabschluss im Sommer 2016
Lieblingsfächer:	Musik, Kunst

Bonn, 12.5.2016

Kommentar zur ersten Bewerbung von Linda Schneider

Auf den ersten Blick fällt die schlechte Platzaufteilung des **Anschreibens** ins Auge – die üblichen Leerzeilenvorgaben zwischen Absender und Adresse (vier Leerzeilen) und zwischen Bezugszeile und Anrede (zwei bis drei Leerzeilen) hat Linda nicht berücksichtigt. Alles wirkt unglücklich nach oben verrutscht. Außerdem ist die Absendergestaltung (Linda Schneider) wirklich so gut wie nicht vorhanden. Schade!

»Z. H.« oder »zu Händen« schreibt man heute nicht mehr, das gilt als völlig veraltet – der Name des Ansprechpartners mit einem entsprechenden »Herrn« oder »Frau« davor reicht aus. Aber: Bei einer Bewerbung ist es ziemlich unüblich, den Namen des Ansprechpartners zuerst zu schreiben. Denn erst kommt der Name des Unternehmens (in diesem Fall der Stadtbank), darunter der Name des Empfängers! Eine Ausnahme kann man machen, wenn Linda Herrn Biber persönlich sehr gut kennt, z. B. bei Ihm ein Praktikum gemacht hat. Dann wäre es andersherum auch möglich.

Die Betreffzeile wird nicht mehr mit »Betr.« oder »Betreff« eingeleitet. Und so groß und fett – das ist auch nicht wirklich schön! Hinzu kommt der Fehler, dass man nicht weiß, für welches Ausbildungsjahr diese Bewerbung gedacht ist!

Die Anrede ist falsch! In die Anrede gehört der Name des Empfängers, nur unter bestimmten Umständen ergänzt man darunter noch ein »sehr geehrte ...«

Die Tatsache, dass die Kandidatin sich nur deshalb bewirbt, weil sie weiß, dass die Bank ausbildet, spricht nicht gerade für ihr großes Interesse. Der Beruf hat sie schon immer interessiert – schön und gut, aber warum? Eine Erklärung würde hier überzeugender wirken!

Die Zeilenführung und der Umbruch, also das letzte und das erste Wort in einer Zeile, sind auch sehr unglücklich und erschweren den Lese- und Verständnisfluss. Sehr deutlich wird dies, wenn Sie diese Version mit der verbesserten vergleichen.

Die Lieblingsfächer Musik und Kunst weisen eher auf eine musisch-künstlerische Begabung hin. Fraglich ist, warum Linda diese Fächer in einer Bewerbung um einen Ausbildungsplatz bei einer Bank erwähnt. Es wäre beeindruckender, wenn unsere Bewerberin noch andere, bankspezifischere oder kundenorientierte Interessen, Hobbys etc. benennen könnte, wie beispielsweise eine Mannschaftssportart, um ihren Teamgeist herauszustellen. Später erfahren wir, dass sie ehrenamtliche Schatzmeisterin im Jugendsportverein ist. Das sollte Linda bereits hier erwähnen.

Sehr umständlich ist die Abschlussformulierung: Nebensätze wie »... wenn die Möglichkeit besteht« sollte man besser nicht verwenden. Der ausführliche Anlagenhinweis ist in dieser Form auch sehr unschön! Alles in allem kein gutes Beispiel für ein Anschreiben, das voller Fehler und Unzulänglichkeiten ist.

Das Wort »tabellarisch« hat Linda beim Erstellen des **Lebenslaufes** wohl zu wörtlich genommen: Die Tabelle verwendet man nur als Vorlage – abgesehen davon stecken im Lebenslauf einige Fehler: Linda hat vergessen, ihren Geburtsort zu erwähnen, und wenn sie keine Geschwister hat, muss sie das nicht extra anführen. Die Staatsangehörigkeit zu benennen ist bei diesem Familiennamen überflüssig.

Als Hobby im Lebenslauf macht es keinen guten Eindruck zu erwähnen, dass man gerne in Clubs geht.

Auch hier wieder die Erwähnung der Lieblingsfächer Kunst und Musik – diese Vorlieben sind leider nicht unbedingt qualifizierend für eine Bankausbildung. Gibt es keine anderen Interessen, die beweisen könnten, dass sie gut mit anderen Menschen (Kunden) umgehen kann? Z. B. dass ihr Schreibtischarbeit Spaß macht, sie vielleicht ein gutes Zahlengedächtnis hat? Immerhin informiert Linda hier über ihre Tätigkeit als Schatzmeisterin im Sportverein. Das passt gut zu ihrer Bewerbung bei der Stadtbank. Trotzdem sollte sie nochmals über aussagekräftigere Hobbys oder Interessen nachdenken und diese, wenn sie zu ihrer Berufswahl passen, hier erwähnen.

Schließlich hat Linda noch vergessen, den Lebenslauf zu unterschreiben.

Mit dieser Bewerbung ständen die Chancen, zu einem Vorstellungsgespräch eingeladen zu werden, ziemlich schlecht!

Bemerkenswert: leider nichts!

Verbesserungsbedürftig: fast alles!

Nach diesem Negativbeispiel möchten wir Ihnen nun zeigen, wie eine Erfolg versprechende Bewerbung für Linda aussehen könnte.

Linda Schneider
Ausbildungskandidatin
Schloßstraße 2
53105 Bonn
Tel.: 876 76 54
E-Mail: linschneider@gmx.de

Bonn, 12. Mai 2016

Bonner Stadtbank
Herrn Biber
Marheinekestraße 67–69
52330 Bonn

Bewerbung um einen Ausbildungsplatz als Bankkauffrau 2017

Sehr geehrter Herr Biber,

es ist schon lange mein großer Wunsch, den Beruf der Bankkauffrau zu erlernen. Ich (15) bin mir sicher, dass ich hier meine Fähigkeiten sehr gut werde einsetzen können.

Meine Eltern sind langjährige Kunden der Bonner Stadtbank.
Daher weiß ich auch, dass in Ihrem Hause sehr großer Wert auf intensive Kundenbetreuung gelegt wird. Nicht zuletzt auch deshalb bewerbe ich mich bei Ihnen, denn eine meiner Stärken ist der Umgang mit Menschen.

Beim Tag der offenen Tür am 25. Januar habe ich einen kleinen Blick „hinter die Kulissen" Ihres Hauses werfen dürfen. Dies hat mich noch zusätzlich in dem Wunsch bestärkt, bei Ihnen den interessanten Beruf der Bankkauffrau zu erlernen.

Zurzeit besuche ich die 9. Klasse der Burg-Realschule in Bonn.
Dort werde ich im Frühjahr nächsten Jahres den mittleren Schulabschluss machen.

In meiner Freizeit unternehme ich oft Fahrradtouren mit Freunden. Außerdem lese ich sehr gerne historische Romane und spiele häufig und schon recht gut Schach.

Habe ich Ihr Interesse geweckt? Dann laden Sie mich doch bitte zu einem persönlichen Gespräch ein. Darauf freut sich und verbleibt

mit freundlichen Grüßen

Linda Schneider

Anlagen

Bewerbung um eine Ausbildung zur Bankkauffrau

bei der Bonner Stadtbank

von

Linda Schneider

Linda Schneider

Schloßstraße 2
53105 Bonn

Tel.: 876 76 54
E-Mail: linschneider@gmx.de

Lebenslauf

Persönliche Daten

Name:	Linda Schneider
geboren:	22. Juni 2001 in Bonn
Eltern:	Olaf Ritter, geb. Gram, Erzieher Anna Ritter, Maskenbildnerin
Berufswunsch:	Bankkauffrau

Schulausbildung

Grundschule:	2007 – 2011 Montesquieu-Grundschule, Bonn
Oberschule:	seit 2011 Burg-Realschule, Bonn
Voraussichtlicher Schulabschluss:	Sommer 2017, mittlerer Schulabschluss
Leistungs-/Prüfungsfächer:	Deutsch, Englisch, Kunst, Pädagogik

Außerschulische Interessen

Ehrenamtliche Tätigkeit:	Seit April 2013 Schatzmeisterin des Jugend-Sport-Vereins Bonn-Friesdorf
Hobbys:	Fahrradfahren, Lesen, Schach

Bonn, 12. Mai 2016

Linda Schneider

Linda Schneider • Ausbildungskandidatin • Schloßstraße 2 • 53105 Bonn • T 876 76 54
E-Mail: linschneider@gmx.de

Zu guter Letzt...

... meine Stärken auf einen Blick:

- Ich bin kontaktfreudig, freundlich und geschickt im Umgang mit Menschen.

- Ich habe eine schnelle Auffassungsgabe und lerne schnell und gerne.

- Ich verfüge über ein gutes Organisationstalent und bin sehr gewissenhaft.

Gerne würde ich diese Fähigkeiten und Eigenschaften in den Dienst Ihrer Bank stellen. Bitte laden Sie mich doch zu einem Vorstellungsgespräch ein.

Linda Schneider

Kommentar zur verbesserten Bewerbung von Linda Schneider

Das platztechnisch deutlich besser aufgeteilte **Anschreiben** vermittelt nach der Überarbeitung einen ganz anderen Eindruck. Inhalt und Zeilenführung sind optimiert.

Ein flotter Einstieg ins Anschreiben, dann folgt eine vielleicht ungewöhnliche, aber doch geschickte Begründung, weshalb Linda gerade in dieser Bank arbeiten möchte. So viel Lob über die Mitarbeiter, ohne zu »anbiedernd« zu wirken – das wird der Ausbilder Herr Biber gerne lesen. Auch der Besuch am Tag der offenen Tür unterstreicht ihr Interesse. So gelingt es unserer Bewerberin, auch ohne auf die Erfahrungen eines Praktikums zurückblicken zu können, eine plausible Begründung für ihr Interesse an dieser Berufsausbildung zu geben.

Die Gestaltung des **Deckblatts** ist Geschmacksache. Auf jeden Fall schaut man hin, hier wird Aufmerksamkeit geweckt. Und warum nicht das Foto schon einmal auf dieser Seite platzieren und nicht erst auf dem eigentlichen Lebenslauf? Und dann noch gleich die Unterschrift darunter, wenn das kein Hingucker ist …

Der Lebenslauf ist durch die fett gedruckten Zwischenüberschriften gut gegliedert – die Unterschrift dürfte allerdings ruhig noch etwas größer ausfallen. Man unterschreibt übrigens immer mit Vor- und Nachnamen. Bitte kürzen Sie Ihren Vornamen nie ab!

Wichtig: Der Hinweis auf die ehrenamtliche Tätigkeit. Die Bewerberin unterstreicht damit ihr Engagement und ihre Vertrauenswürdigkeit – sonst hätte man ihr wohl kaum einen solchen verantwortungsvollen Posten übertragen.

Die Dritte Seite hat sie ganz knapp gehalten. Eine gute Alternative zu einem ausformulierten Text für alle, denen es nicht so leicht von der Hand geht, über sich selbst etwas Interessantes und Werbendes zu schreiben.

Hier fasst Linda Schneider noch einmal die wichtigsten Punkte zusammen, sodass der Ausbilder die Pluspunkte klar vor Augen hat. Der Abschluss klingt selbstbewusst – hier ist eine Bewerberin, die weiß, was sie kann und will.

Bemerkenswert: Es handelt sich insgesamt um eine sehr attraktiv und überzeugend zusammengestellte Bewerbung.

Verbesserungsbedürftig: nichts wirklich Wichtiges!

8. Lektion — Warum Sie vor der Bewerbung zum Telefon greifen sollten

Es ist das am häufigsten eingesetzte Kommunikationsinstrument, um Informationen von A nach B zu transportieren. Umso unverständlicher, dass sich viele Azubi-Bewerber unendlich schwer damit tun, ihren potenziellen Ausbilder anzurufen. Weniger als fünf Prozent greifen während der Ausbildungsplatzsuche zum Hörer. Dabei liegen die Vorteile eines Telefonats klar auf der Hand: Durch einen gut vorbereiteten Anruf können Sie Ihre Kommunikationsfähigkeit unter Beweis stellen. Schließlich suchen die meisten Unternehmen kontaktfreudige und kommunikative Mitarbeiter. So können Sie Interesse wecken und Sympathie für sich gewinnen. Der Faktor Sympathie entscheidet maßgeblich bei der Bewerberauswahl.

Je häufiger Sie das Telefon in der Bewerbungssituation einsetzen, umso geübter und auch erfolgreicher werden Sie. Trauen Sie sich also und rufen Sie Ihren zukünftigen Ausbilder an!

Variante 1

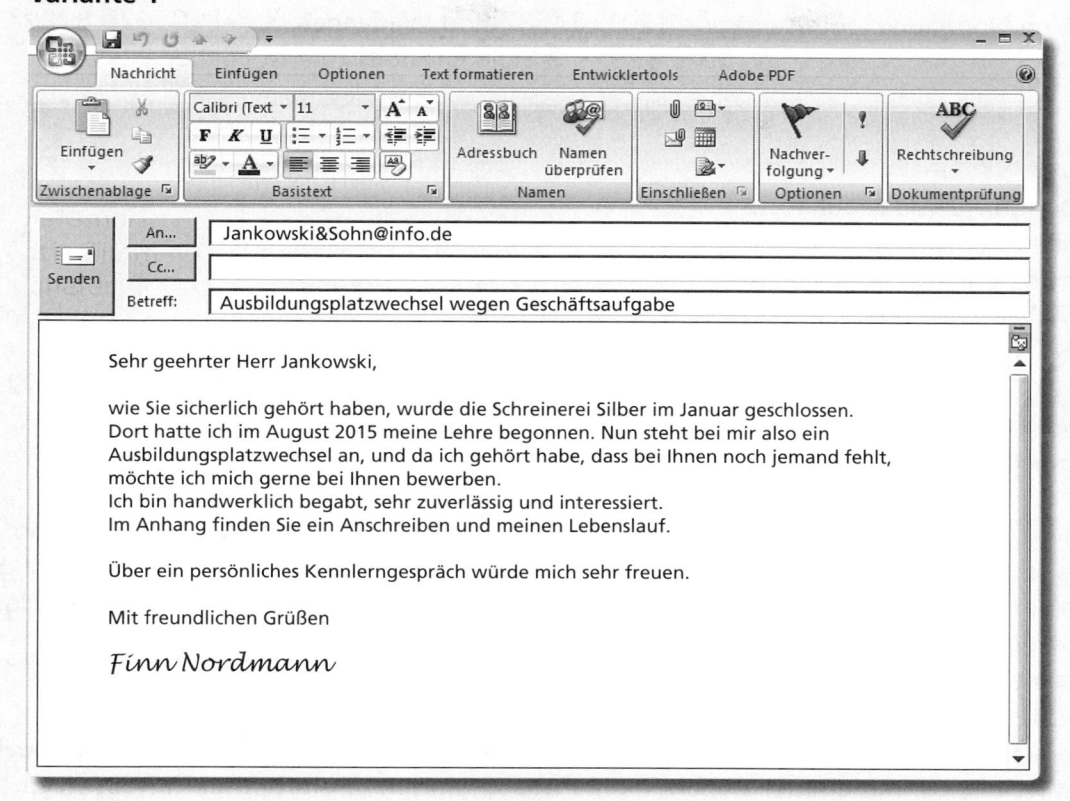

An: Jankowski&Sohn@info.de
Betreff: Ausbildungsplatzwechsel wegen Geschäftsaufgabe

Sehr geehrter Herr Jankowski,

wie Sie sicherlich gehört haben, wurde die Schreinerei Silber im Januar geschlossen. Dort hatte ich im August 2015 meine Lehre begonnen. Nun steht bei mir also ein Ausbildungsplatzwechsel an, und da ich gehört habe, dass bei Ihnen noch jemand fehlt, möchte ich mich gerne bei Ihnen bewerben.
Ich bin handwerklich begabt, sehr zuverlässig und interessiert.
Im Anhang finden Sie ein Anschreiben und meinen Lebenslauf.

Über ein persönliches Kennlerngespräch würde mich sehr freuen.

Mit freundlichen Grüßen

Finn Nordmann

Variante 2

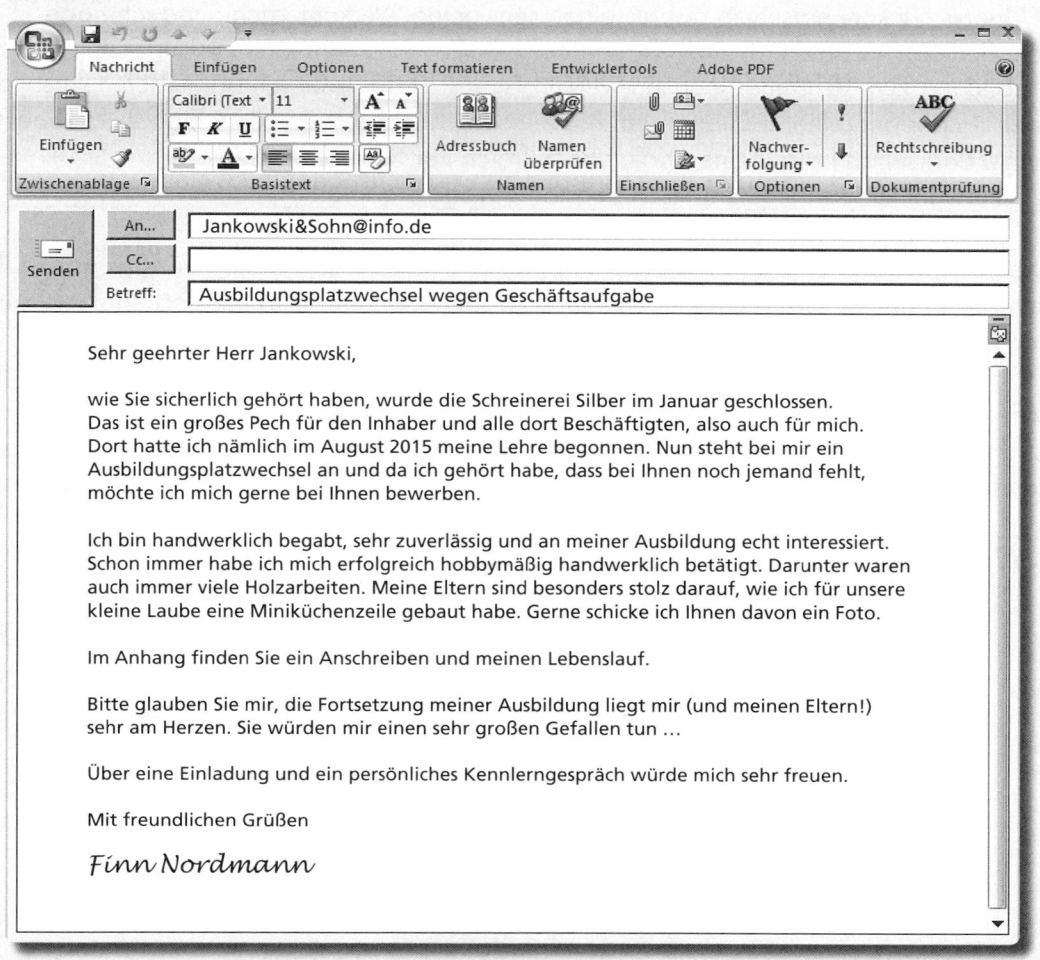

An: Jankowski&Sohn@info.de
Betreff: Ausbildungsplatzwechsel wegen Geschäftsaufgabe

Sehr geehrter Herr Jankowski,

wie Sie sicherlich gehört haben, wurde die Schreinerei Silber im Januar geschlossen. Das ist ein großes Pech für den Inhaber und alle dort Beschäftigten, also auch für mich. Dort hatte ich nämlich im August 2015 meine Lehre begonnen. Nun steht bei mir ein Ausbildungsplatzwechsel an und da ich gehört habe, dass bei Ihnen noch jemand fehlt, möchte ich mich gerne bei Ihnen bewerben.

Ich bin handwerklich begabt, sehr zuverlässig und an meiner Ausbildung echt interessiert. Schon immer habe ich mich erfolgreich hobbymäßig handwerklich betätigt. Darunter waren auch immer viele Holzarbeiten. Meine Eltern sind besonders stolz darauf, wie ich für unsere kleine Laube eine Miniküchenzeile gebaut habe. Gerne schicke ich Ihnen davon ein Foto.

Im Anhang finden Sie ein Anschreiben und meinen Lebenslauf.

Bitte glauben Sie mir, die Fortsetzung meiner Ausbildung liegt mir (und meinen Eltern!) sehr am Herzen. Sie würden mir einen sehr großen Gefallen tun …

Über eine Einladung und ein persönliches Kennlerngespräch würde mich sehr freuen.

Mit freundlichen Grüßen

Finn Nordmann

Finn Nordmann • Luisenstraße 12 • 34537 Bad Wildungen • Tel.: 05621 89897
Mobil: 0176 3547892 • E-Mail: finn-nordmann@gmx.de

Tischlerei Jankowski & Sohn
Herrn Bernd Jankowski
Tulpenweg 24
34537 Bad Wildungen

Bad Wildungen, 15.02.2016

Sehr geehrter Herr Jankowski,

nach fünf Monaten in der Schreinerei Silbermann bin ich auf der Suche nach einem Betrieb, in dem ich meine Ausbildung fortsetzen kann. Leider ist Herr Silbermann, wie Sie bestimmt gehört haben, im Januar dieses Jahres unerwartet verstorben, und der Betrieb wurde leider geschlossen, weil kein Nachfolger gefunden werden konnte.
Von meinem Freund Uwe Lorenz, der bei Ihnen ja bereits im 2. Lehrjahr ist, weiß ich, dass Sie vielleicht noch einen weiteren Auszubildenden aufnehmen würden.
Gerne möchte ich mich daher bei Ihnen vorstellen, damit Sie sich von mir ein Bild machen und mir vielleicht die Chance geben, meine Ausbildung in Ihrem Betrieb fortzusetzen.

Schon in der Realschule hat mir das Arbeiten mit Holz immer sehr viel Spaß gemacht. An der Georg-Wicker-Realschule gab es einen sehr guten Werkunterricht, und ich habe dort viele Stunden verbracht. Daher war mir schnell klar, dass ich nach meiner Schulzeit eine Ausbildung zum Schreiner machen will. Im August 2015 habe ich dann meine Ausbildung begonnen. In der Schreinerei Silbermann habe ich mich immer mit vollem Elan eingebracht und konnte dort schon bald meinen Kollegen hilfreich zur Seite stehen.
<u>Ich bin handwerklich und mathematisch begabt, zuverlässig und lerne gerne etwas Neues dazu.</u>

Von Uwe Lorenz habe ich nur Gutes über Ihren Betrieb gehört, und daher wäre es ganz toll, wenn ich die Chance bekäme, bei Ihnen meine Ausbildung zum Schreiner fortzusetzen, auch um Ihnen und Ihren Mitarbeitern zu zeigen, was in mir steckt.

Ich würde mich sehr freuen, von Ihnen zu hören.

Mit freundlichen Grüßen

Finn Nordmann

Lebenslauf von Finn Nordmann

Finn Nordmann
Luisenstraße 12
34537 Bad Wildungen

Tel.: 05621 89897
Mobil: 0176 3547892
E-Mail: finn-nordmann@gmx.de

Geburtsdatum	16.03.1999 in Bad Wildungen
Eltern	Manfred Nordmann, kaufmännischer Angestellter Renate Nordmann, Drogistin
13.09.2005 bis 25.07.2009	Hermann Hesse Grundschule in Bad Wildungen
14.09.2009 bis 18.07.2015	Georg-Wicker-Realschule in Bad Wildungen mit Realschulabschluss
01.08.2015 bis 30.01.2016	Ausbildung zum Schreiner in der Schreinerei Silber in Bad Wildungen. Die Schreinerei wurde im Februar 2016 geschlossen.
Hobbies	Handball, Skateboard, Krimis

Finn Nordmann
Bad Wildungen, 15.02.2016

Kommentierte Unterlagen

Zur Bewerbung von Finn Nordmann (Schreiner/Tischler)

Finn ist in einer besonderen Situation. Er muss einen neuen Ausbilder überzeugen, um in dessen Betrieb seine bereits begonnene Ausbildung fortsetzen zu dürfen. Sein erster **E-Mail-Text** ist kurz, aber sympathisch und verdeutlicht, worum es geht. Besser wäre, hier schon den Namen des Auszubildenden (Uwe Lorenz) einzuführen, auf den er sich beruft. Später im Anschreiben macht er dies auch. Finn hat aber auch einen etwas längeren Alternativ-Entwurf. Was würden Sie ihm raten, welche E-Mail sollte seine Bewerbung begleiten?

Ein gelungenes, interessantes **Anschreiben** mit ordentlichem Absenderkopf und namentlicher Ansprache des Empfängers. Die Zeilenführung ist gut und das Anliegen von Finn wird an zentraler Stelle im Anschreiben in einem gefetteten Satz dem Leser/Empfänger deutlich zur Kenntnis gebracht. Geschickt wirbt Finn für sich und sein Anliegen mit der Aussage, die er optisch unterstreicht (handwerklich und mathematisch begabt, zuverlässig und lernfreudig). Viel besser hätte man dieses Anschreiben kaum machen können, außer vielleicht, das gesamte Anschreiben zwei Zeilen tiefer zu beginnen.

Der einseitige **Lebenslauf mit Foto** ist schlicht, aber vollkommen in Ordnung. Er vermittelt die wesentlichen Dinge, auf die es jetzt ankommt. Foto und Absendergestaltung wirken grundsolide. Ob Finn wirklich seine beiden Eltern hier im Lebenslauf noch erwähnen muss, kann man unterschiedlich beurteilen. »Hobbys« schreibt man so, aber entscheidend ist hier die Angabe, die sympathisch rüberkommt (zwei Sportarten und Krimis lesen). Die Unterschrift gehört unter Ortsangabe und Datum, nicht darüber. Es gibt nichts, was man nicht doch noch verbessern könnte!

Bemerkenswert: Die Unterlagen sind weitestgehend positiv und sehr werbend!

Verbesserungswürdig: Eltern aus Lebenslauf herausnehmen! Vorsicht, so wird der Plural von Hobby richtig geschrieben: »Hobbys«! Bitte auf die richtige Platzierung und Reihenfolge achten: Ort, Datum, Unterschrift. Und bitte nicht: »Ich würde mich freuen …«, sondern: »Ich freue mich …«, das klingt verbindlicher und viel optimistischer.

9. Lektion   Wie Sie richtig suchen

Mit Anzeigen für Ausbildungsplätze, egal ob in den Printmedien oder im Internet, werben Unternehmen um Aufmerksamkeit und um Mithilfe bei der Lösung von Problemen. Da es mittlerweile mehr Jobbörsen als Tageszeitungen gibt, schauen Sie unbedingt ins Internet, insbesondere auf die Seiten der Unternehmen, bei denen Sie gerne eine Ausbildung machen würden. Lassen Sie sich als Anfänger und Einsteiger weder blenden noch zu schnell von Anzeigenformaten und »ausführlichsten« Anforderungen entmutigen. Hier gilt das gleiche wie für Sie als Bewerber: Ein »schlechter« Text, eine langweilige Anzeige bedeutet nicht automatisch eine »schlechte« Firma oder Ausbildung und umgekehrt, ein »guter« Text, eine attraktive Anzeige ist keine Garantie, dass die Arbeitswirklichkeit auch so ist, wie versprochen wird.

Wichtig ist es, zu ergründen, was der Ausbildungsbetrieb wirklich möchte. Ein Telefonat kann dabei helfen.

Variante 1

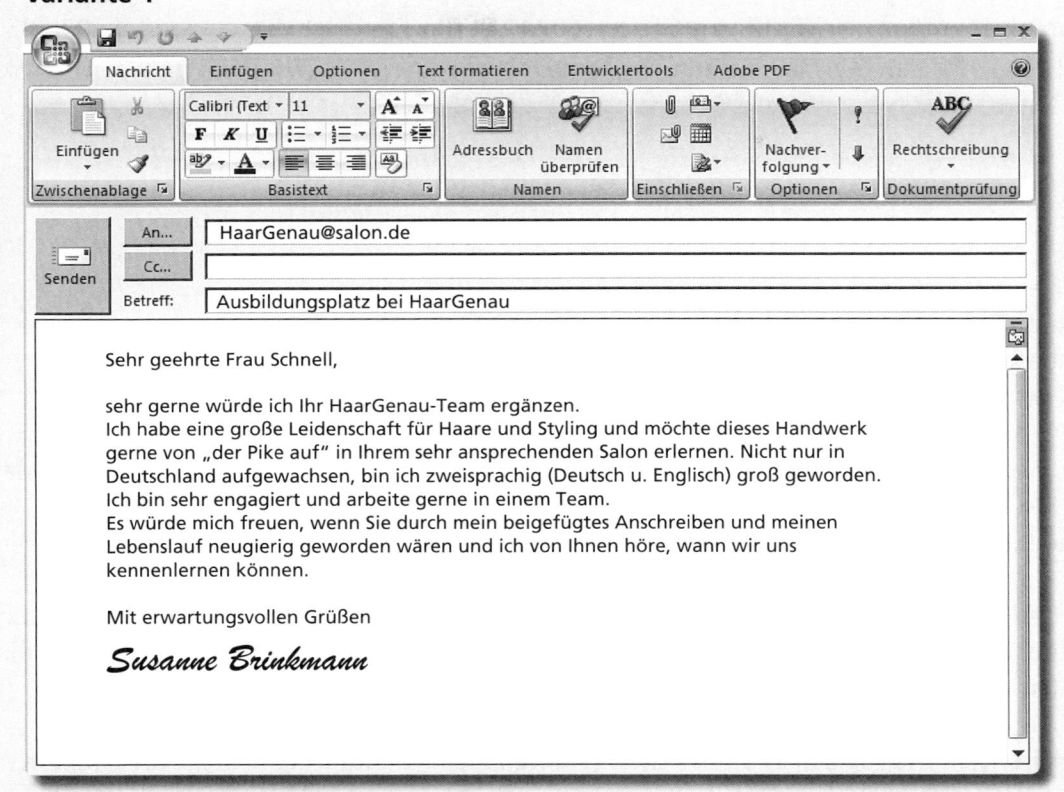

An...: HaarGenau@salon.de
Cc...:
Betreff: Ausbildungsplatz bei HaarGenau

Sehr geehrte Frau Schnell,

sehr gerne würde ich Ihr HaarGenau-Team ergänzen.
Ich habe eine große Leidenschaft für Haare und Styling und möchte dieses Handwerk gerne von „der Pike auf" in Ihrem sehr ansprechenden Salon erlernen. Nicht nur in Deutschland aufgewachsen, bin ich zweisprachig (Deutsch u. Englisch) groß geworden.
Ich bin sehr engagiert und arbeite gerne in einem Team.
Es würde mich freuen, wenn Sie durch mein beigefügtes Anschreiben und meinen Lebenslauf neugierig geworden wären und ich von Ihnen höre, wann wir uns kennenlernen können.

Mit erwartungsvollen Grüßen

Susanne Brinkmann

Variante 2

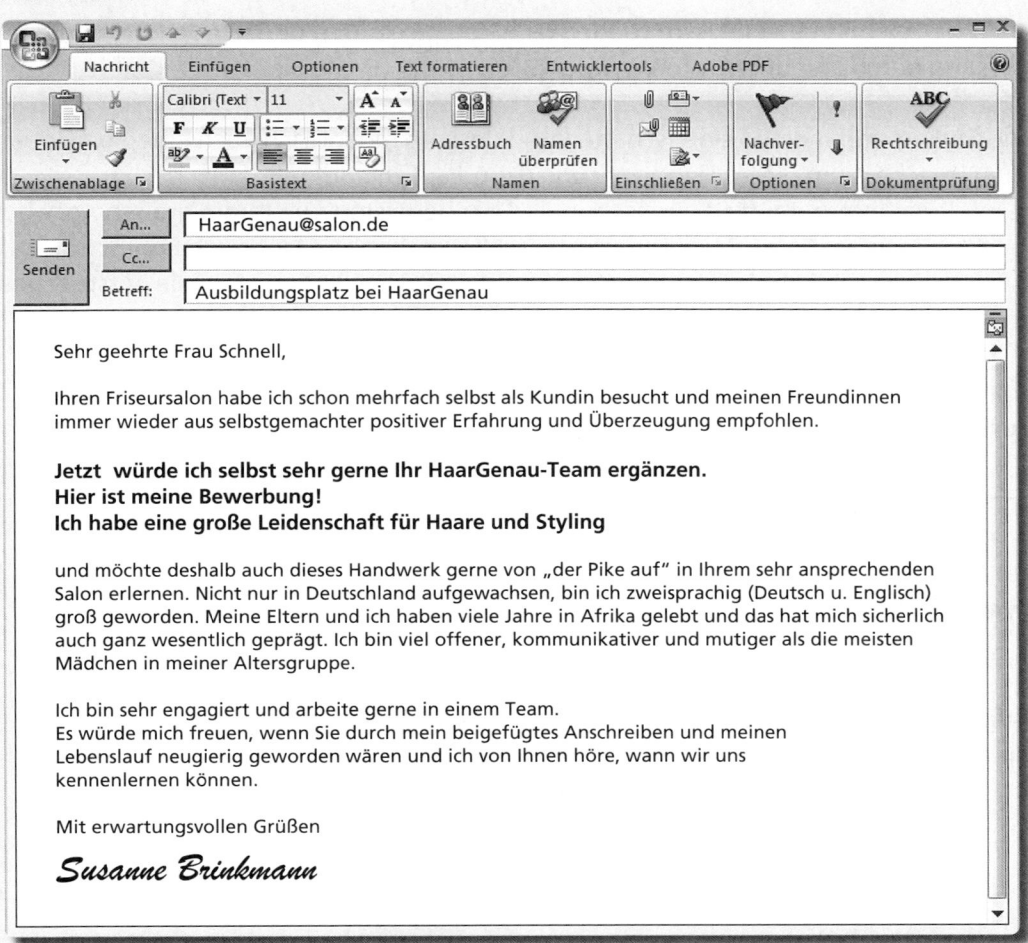

An...: HaarGenau@salon.de
Cc...:
Betreff: Ausbildungsplatz bei HaarGenau

Sehr geehrte Frau Schnell,

Ihren Friseursalon habe ich schon mehrfach selbst als Kundin besucht und meinen Freundinnen immer wieder aus selbstgemachter positiver Erfahrung und Überzeugung empfohlen.

Jetzt würde ich selbst sehr gerne Ihr HaarGenau-Team ergänzen.
Hier ist meine Bewerbung!
Ich habe eine große Leidenschaft für Haare und Styling

und möchte deshalb auch dieses Handwerk gerne von „der Pike auf" in Ihrem sehr ansprechenden Salon erlernen. Nicht nur in Deutschland aufgewachsen, bin ich zweisprachig (Deutsch u. Englisch) groß geworden. Meine Eltern und ich haben viele Jahre in Afrika gelebt und das hat mich sicherlich auch ganz wesentlich geprägt. Ich bin viel offener, kommunikativer und mutiger als die meisten Mädchen in meiner Altersgruppe.

Ich bin sehr engagiert und arbeite gerne in einem Team.
Es würde mich freuen, wenn Sie durch mein beigefügtes Anschreiben und meinen Lebenslauf neugierig geworden wären und ich von Ihnen höre, wann wir uns kennenlernen können.

Mit erwartungsvollen Grüßen

Susanne Brinkmann

Susanne Brinkmann • Kohlweg 67 • 10247 Berlin-Friedrichshain • Tel.: 030 85 67 99
Mobil: 0163 799 546 • Mail: susanne.brinkmann@gmx.de • www.instagram.com/brinkmann

Friseursalon HaarGenau
Frau Anita Schnell
Hochstraße 17
10115 Berlin

Berlin, 25. Mai 2016

Sehr geehrte Frau Schnell,

in der Berliner Morgenpost habe ich gelesen, dass Sie eine Ausbildungsstelle für eine Friseurin anbieten. Ich bin auf der Suche nach einem Ausbildungsplatz und würde mich gerne persönlich bei Ihnen vorstellen.

Meine Eltern sind 1990 nach Südafrika gezogen, weil mein Vater dort eine Stelle als Direktor der Internationalen Schule in Windhuk angenommen hat. Ich bin 1998 in Windhuk geboren und habe dort auf der Internationalen Schule meinen Realschulabschluss gemacht.

Letztes Jahr bin ich mit meinen Eltern wieder nach Berlin gezogen und würde jetzt gerne hier in Deutschland beruflich durchstarten.

Haare und Styling sind meine Leidenschaften und deshalb möchte ich auch eine Ausbildung zur Friseurin machen, um dieses Handwerk von Grund auf zu erlernen.
Ich habe mir Ihren Internetauftritt angesehen und bin begeistert von Ihrem großen Angebot und der Vielfalt in Ihrem Salon. Da ich muttersprachlich neben Deutsch auch Englisch spreche, kann ich mich auch mit Ihren internationalen Kunden gut verständigen und sie entsprechend gut beraten.

Gerne würde ich Sie und Ihr Team persönlich kennenlernen und Sie von mir überzeugen.
Über eine Rückmeldung freue ich mich.

Mit freundlichen Grüßen

Susanne Brinkmann

Im Anhang finden Sie meinen Lebenslauf und mein Abschlusszeugnis
von der International School of Windhuk.

Susanne Brinkmann • Kohlweg 67 • 10247 Berlin-Friedrichshain • Tel.: 030 85 67 99
Mobil: 0163 799 546 • Mail: susanne.brinkmann@gmx.de • www.instagram.com/brinkmann

Lebenslauf

Geburtsdatum	19.03.1998 in Windhuk, Südafrika
Eltern	Henry Brinkmann, Direktor am Humboldt-Gymnasium in Berlin Marianne Brinkmann, Hausfrau
14.02.2004 bis 25.07.2014	International School of Windhuk mit Realschulabschluss
15.09.2014 bis 30.05.2015	Praktikum im Salon Haircut in Windhuk
Juli 2015	Umzug nach Berlin
15.09.2015 bis 30.05.2016	Praktikum bei Douglas in der Kosmetikabteilung
Hobbys	Jazzdance, Theater spielen und Musik machen (Klavier)
Meine Motivation	Handwerkliches Gestalten, Kunst und Ästhetik haben mich von klein auf fasziniert und machten immer einen Großteil meiner Freizeitaktivitäten aus. Das Erlernen des Friseurhandwerks ist für mich deshalb die logische Konsequenz.

Berlin, 25. Mai 2016

Susanne Brinkmann

Zur Bewerbung von Susanne Brinkmann (Friseurin)

Susanne möchte einen Ausbildungsplatz und wendet sich an Frau Schnell, wahrscheinlich die Inhaberin des Geschäftes, mit der Bitte, sich vorstellen zu dürfen. Die **E-Mail** ist gut und knapp getextet, der Hinweis auf die beiden Sprachen, mit welchen Susanne aufgewachsen ist, verfehlt nicht seine Wirkung. Sie scheint schon etwas Besonderes zu sein, und so ist man in voller positiver Erwartung, wie sich die Bewerberin weiter vorstellt.

Alternativ haben wir auch einen zweiten E-Mail-Entwurf. Dieser ist gut um ein Drittel länger und kann sowohl mit als auch ohne Anschreiben (aber immer mit Lebenslauf) eingesetzt werden. Auffällig sind hier die drei Zeilen in fetter Schriftstärke. Sie stechen sofort ins Auge und wecken Interesse, sich die E-Mail-Anhänge anzusehen.

Leider hat ihr **Anschreiben** keine Betreffzeile, und Susanne sagt auch nichts zum Ausbildungsbeginn (die Jahreszahl würde reichen). Dafür erzählt sie jetzt mehr von ihren »internationalen Erfahrungen«, was durchaus angemessen ist, und vermittelt glaubwürdig, wie leidenschaftlich sie sich für diesen Beruf interessiert. Sie hat sich sogar den Internetauftritt des Unternehmens angeschaut und schwärmt davon. Diese Schmeichelei könnte ihr helfen, Pluspunkte zu sammeln. Der Absenderkopf des Anschreibens ist vielleicht nicht besonders kreativ gestaltet, aber ihre Instagram-Adresse deutet an, dass sie da etwas vorzuweisen hat (Instagram ist ein kostenloser Onlinedienst zum Teilen von Fotos und Videos). Hat sie da etwa Fotos oder Videos ihrer Haar-Models? Leider geht sie an keiner Stelle darauf ein. Schade! Was für eine vertane Chance! Wenn Susanne auf Instagramm keine berufsbezogenen Fotos vorweisen kann, dann ist die Angabe in der Kopfzeile überflüssig. Die Empfängeradresse und namentliche Anrede sind okay. Die Absatzgestaltung ist ebenso wie der Anschreibentext recht ordentlich. Die meisten Zeilen unterstützen den Sinn, den die Bewerbung transportieren soll. Lediglich gleich die erste Zeile ist ein Negativbeispiel, und das Wort »beraten« (vorletzter Absatz) steht einmal allein und verlassen in einer Zeile.

Der einseitige **Lebenslauf mit Foto** und dem gleichen Absenderkopf wie im Anschreiben ist eher schlicht, aber immerhin klar. Er vermittelt, worum es Susanne geht. Interessant auf dieser Seite ist die Abteilung »Meine Motivation«, die sicherlich noch besser getextet werden könnte. Immerhin verstärkt sie noch einmal, worum es Susanne geht und wie wichtig ihr dieser Ausbildungsplatz ist. Ort, Datum und Unterschrift sind korrekt. Wir wissen leider nicht, ob es hier noch Anlagen gibt. Wenn ja, hätten diese aufgeführt werden sollen (mit dem Hinweis: Anlagen).

Bemerkenswert: Anschreiben und Lebenslauf sind relativ ordentlich getextet und aufgebaut. Die eigene Motivation in der Bewerbung darzulegen ist immer eine sehr gute Idee, vor allem am Ende des Lebenslaufes.

Verbesserungswürdig: Betreffzeile, Ausbildungsbeginn, Zeilenführung und Umbruch, Erklärung zu den Fotos, die der Empfänger auf Instagram finden kann, Überarbeitung des Motivationstextes.

An... jürgen.wolff@gmx.de

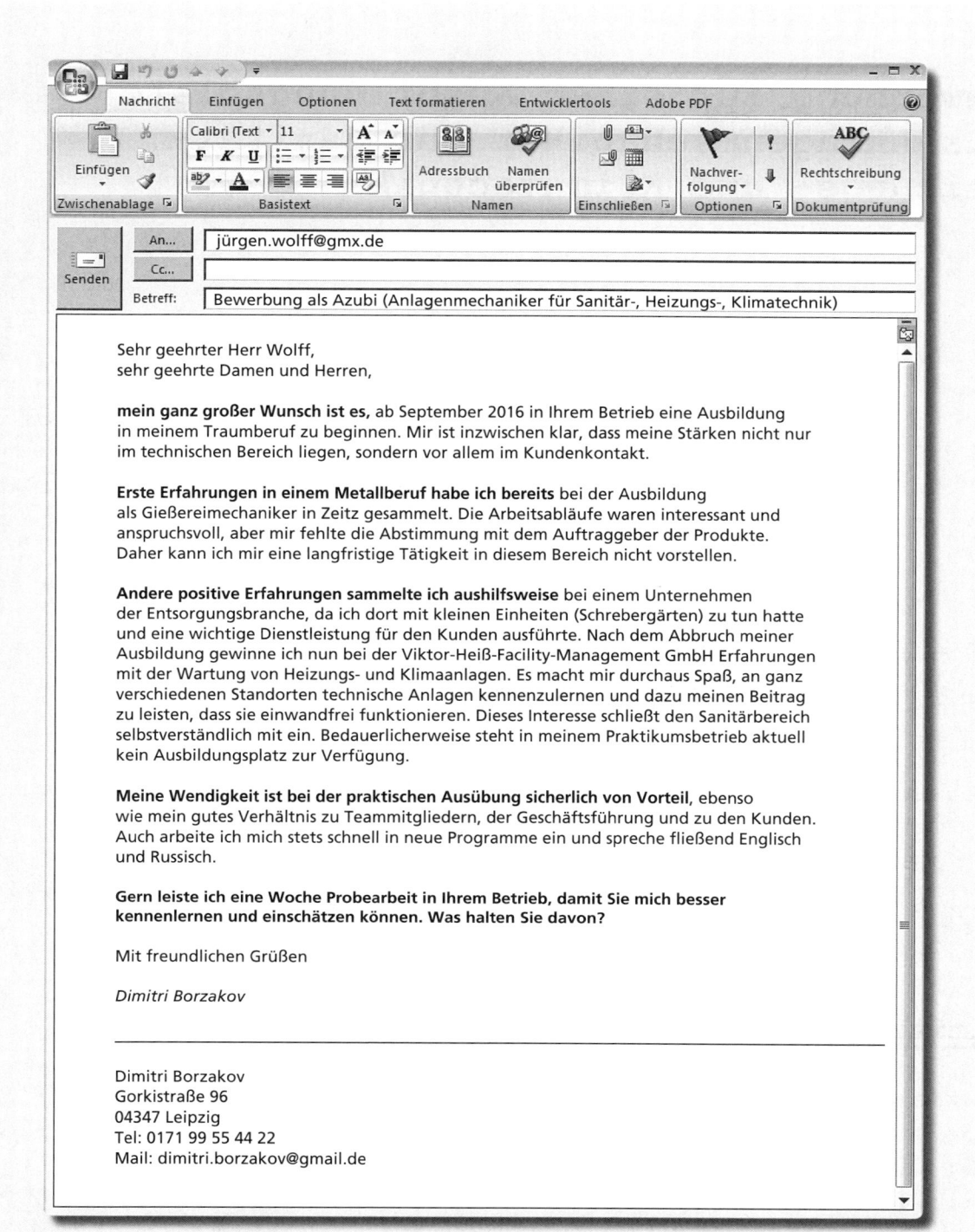

Cc...

Betreff: Bewerbung als Azubi (Anlagenmechaniker für Sanitär-, Heizungs-, Klimatechnik)

Sehr geehrter Herr Wolff,
sehr geehrte Damen und Herren,

mein ganz großer Wunsch ist es, ab September 2016 in Ihrem Betrieb eine Ausbildung in meinem Traumberuf zu beginnen. Mir ist inzwischen klar, dass meine Stärken nicht nur im technischen Bereich liegen, sondern vor allem im Kundenkontakt.

Erste Erfahrungen in einem Metallberuf habe ich bereits bei der Ausbildung als Gießereimechaniker in Zeitz gesammelt. Die Arbeitsabläufe waren interessant und anspruchsvoll, aber mir fehlte die Abstimmung mit dem Auftraggeber der Produkte. Daher kann ich mir eine langfristige Tätigkeit in diesem Bereich nicht vorstellen.

Andere positive Erfahrungen sammelte ich aushilfsweise bei einem Unternehmen der Entsorgungsbranche, da ich dort mit kleinen Einheiten (Schrebergärten) zu tun hatte und eine wichtige Dienstleistung für den Kunden ausführte. Nach dem Abbruch meiner Ausbildung gewinne ich nun bei der Viktor-Heiß-Facility-Management GmbH Erfahrungen mit der Wartung von Heizungs- und Klimaanlagen. Es macht mir durchaus Spaß, an ganz verschiedenen Standorten technische Anlagen kennenzulernen und dazu meinen Beitrag zu leisten, dass sie einwandfrei funktionieren. Dieses Interesse schließt den Sanitärbereich selbstverständlich mit ein. Bedauerlicherweise steht in meinem Praktikumsbetrieb aktuell kein Ausbildungsplatz zur Verfügung.

Meine Wendigkeit ist bei der praktischen Ausübung sicherlich von Vorteil, ebenso wie mein gutes Verhältnis zu Teammitgliedern, der Geschäftsführung und zu den Kunden. Auch arbeite ich mich stets schnell in neue Programme ein und spreche fließend Englisch und Russisch.

Gern leiste ich eine Woche Probearbeit in Ihrem Betrieb, damit Sie mich besser kennenlernen und einschätzen können. Was halten Sie davon?

Mit freundlichen Grüßen

Dimitri Borzakov

Dimitri Borzakov
Gorkistraße 96
04347 Leipzig
Tel: 0171 99 55 44 22
Mail: dimitri.borzakov@gmail.de

Bewerbung für einen Ausbildungsplatz als Anlagenmechaniker für Sanitär-, Heizungs- und Klimatechnik

Dimitri Borzakov

Gorkistraße 96
04347 Leipzig
Tel: 0171 99 55 44 22
Mail: dimitri.borzakov@gmail.de

Geburtsdatum: 28.05.1998
Geburtsort: Kiew/Ukraine
Staatsangehörigkeit: deutsch

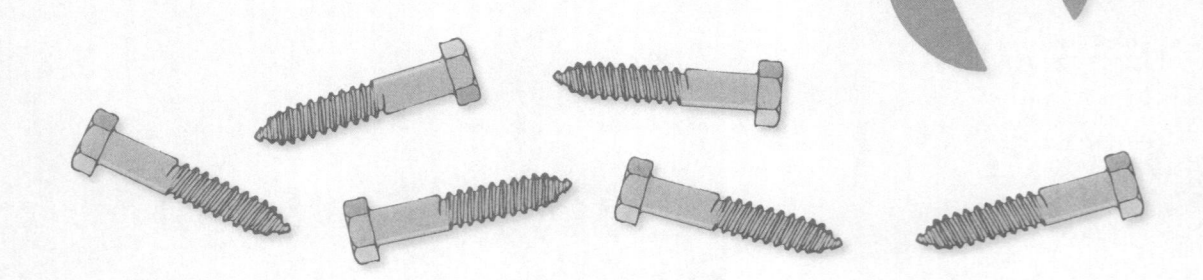

Lebenslauf

Schulbildung

07.2004 – 02.2006	Grundschule in Kiew
03.2006 – 07.2008	Karl-May-Grundschule in Leipzig
08.2008 – 07.2014	Willy-Brand-Gesamtschule in Leipzig Schwerpunktinteressen: Technik, Englisch Erweiterter Hauptschulabschluss

Praktische Erfahrungen

07.2013, 08.2014	Ferienjob bei der Zuhlke Entsorgung GmbH in Leipzig Hilfstätigkeiten bei der Entleerung von Fäkaliengruben in Kleingärten
09.2014 – 12.2015	Ausbildung als Gießereimechaniker Rodrich Metallwerke AG in Zeitz
seit 02.2016	Praktikum bei der Viktor-Heiß-Facility-Management GmbH in Leipzig Unterstützung bei der Wartung von Heizungs- und Klimaanlagen von Gebäudekomplexen

Kenntnisse und Freizeit

Sprachkenntnisse	Deutsch: fast perfekt Englisch: fließende Kenntnisse Ukrainisch: Muttersprache Russisch: fließende Kenntnisse
IT-Kenntnisse	Office: MS Word, Excel; LibreOffice Calc; Programmieren/Entwerfen: Scratch und Grundkenntnisse in AutoCAD-Programmen; diverse Social-Media-Kanäle
Hobbys	Parcouring, Klettern, Videospiele

Leipzig, 5. März 2016

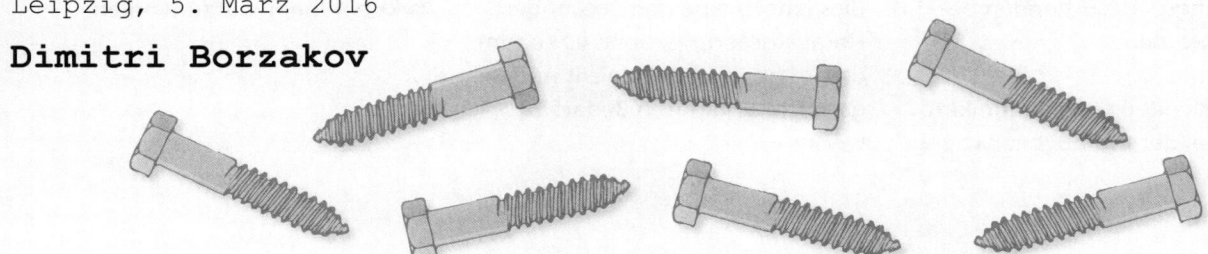

Dimitri Borzakov

Zur Bewerbung von Dimitri Borzakov
(Anlagenmechaniker für Sanitär-, Heizungs- und Klimatechnik)

Dimitri kommt ursprünglich aus der Ukraine, ist aber schon seit etwa zehn Jahren in Deutschland und hat den erweiterten Hauptschulabschluss. Jetzt sucht er einen Ausbildungsplatz und benennt dafür in seiner **E-Mail**, die er namentlich an den Firmeninhaber richtet, klar den Zeitpunkt. Dabei vergisst er aber auch nicht, die übrigen »sehr geehrten Damen und Herren« in seiner Anrede mit einzubeziehen. Wahrscheinlich handelt es sich bei dieser Firma um einen größeren Betrieb, sonst würde diese Form der Ansprache keinen Sinn ergeben. So aber ist sie vollkommen angemessen, eine gute Idee!

Dimitris Mail ist nicht ganz kurz, dafür aber gut strukturiert. Der Anfangssatz eines jeden Absatzes ist gefettet. Das unterstützt zusätzlich das schnelle Leseverständnis. Darüber hinaus bietet er sogar am Schluss seiner Mail an, eine Woche Probe zu arbeiten. Für den Ausbilder ist das ein sehr attraktives Angebot!

Inhaltlich wie auch optisch ist diese E-Mail sehr gut komponiert. Als Dateianlage verschickt Dimitri jetzt lediglich seinen zweiseitigen **Lebenslauf** und kein weiteres Anschreiben. Das ist bei so einer ausführlichen Begleitmail durchaus gerechtfertigt. Neben dem **Deckblatt mit Foto** konzentriert sich sein Lebenslauf auf die Schulausbildung und erste praktische Erfahrungen, Kenntnisse und Freizeitaktivitäten. Was wir leider weder in der Mail noch im Lebenslauf erfahren, ist der Hintergrund seiner nur einjährigen Ausbildung als Gießereimechaniker, die er offensichtlich abgebrochen, jedenfalls nicht zu Ende gemacht hat. Das wird Gegenstand des ersten Gespräches zwischen dem Ausbilder und ihm sein. Vielleicht möchte das der Ausbilder sogar vorab telefonisch klären. Hoffentlich ist Dimitri gut darauf vorbereitet und kann das Beenden der Ausbildung gut begründen.

Bemerkenswert: Inhalt und Gestaltung des E-Mail-Textes.

Verbesserungswürdig: Erklärung für den Wechsel der beruflichen Ausbildung.

---

10. Lektion   Warum Sie unbedingt auch auf Initiativbewerbungen setzen sollten

Etwa 50 Prozent aller Ausbildungsplätze werden über eine Initiativbewerbung vergeben. Personalchefs und Ausbilder interpretieren diese Form des Vorgehens als Hinweis auf eine starke Motivation und zielorientiertes, aktiv-dynamisches sowie erfolgsorientiertes Vorgehen. Logisch, dass solche Ausbildungsplatzsuchenden bevorzugt werden.

Das entscheidende Kommunikationsziel bei der Initiativbewerbung ist die gekonnte Beantwortung der Fragen, warum man sich gerade für dieses spezielle Unternehmen und diese Ausbildung interessiert und was man Besonderes anzubieten hat. Natürlich sind das Aspekte, die es bei jeder Bewerbung inhaltlich auszufüllen gilt. Bei einer Initiativbewerbung ist dies jedoch eine ganz besondere Herausforderung, denn es kommt darauf an, einen vielleicht noch gar nicht erkannten Bedarf zu wecken.

Jede Bewerbung, speziell aber eine Initiativbewerbung, verlangt Werbung in eigener Sache zu machen. Ihre zentralen Botschaften sollten Auge, Herz und Verstand des Lesers und Entscheiders in kürzester Zeit erfolgreich und überzeugend erreichen und den Arbeitgeber dazu bringen, Kontakt mit Ihnen aufzunehmen.

Variante 1

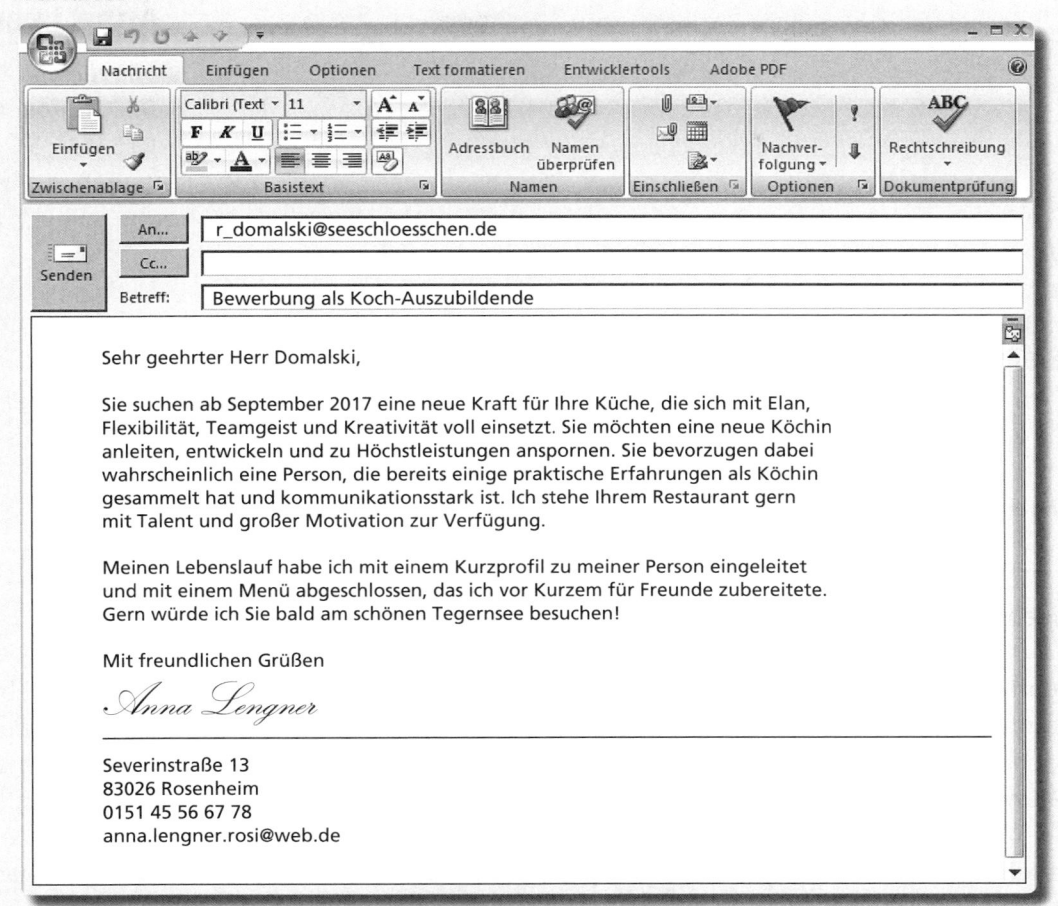

An...: r_domalski@seeschloesschen.de
Cc...:
Betreff: Bewerbung als Koch-Auszubildende

Sehr geehrter Herr Domalski,

Sie suchen ab September 2017 eine neue Kraft für Ihre Küche, die sich mit Elan, Flexibilität, Teamgeist und Kreativität voll einsetzt. Sie möchten eine neue Köchin anleiten, entwickeln und zu Höchstleistungen anspornen. Sie bevorzugen dabei wahrscheinlich eine Person, die bereits einige praktische Erfahrungen als Köchin gesammelt hat und kommunikationsstark ist. Ich stehe Ihrem Restaurant gern mit Talent und großer Motivation zur Verfügung.

Meinen Lebenslauf habe ich mit einem Kurzprofil zu meiner Person eingeleitet und mit einem Menü abgeschlossen, das ich vor Kurzem für Freunde zubereitete. Gern würde ich Sie bald am schönen Tegernsee besuchen!

Mit freundlichen Grüßen

Anna Lengner

Severinstraße 13
83026 Rosenheim
0151 45 56 67 78
anna.lengner.rosi@web.de

Variante 2

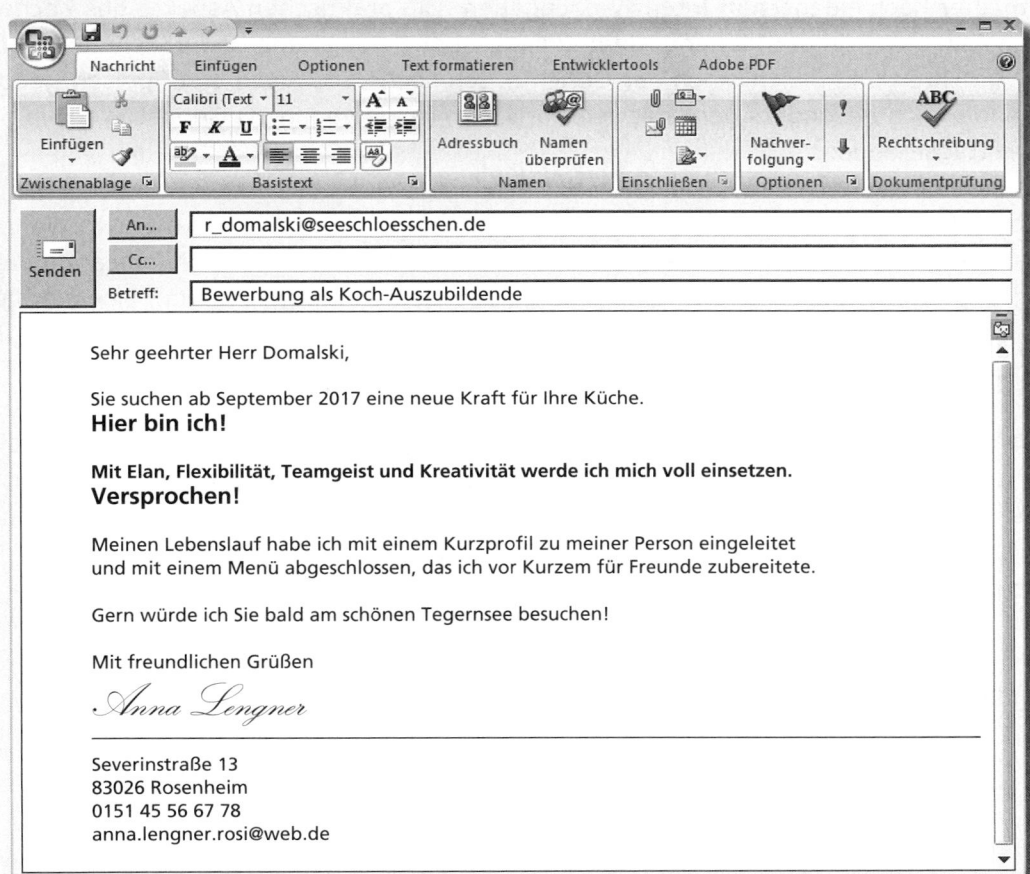

An...: r_domalski@seeschloesschen.de
Cc...:
Betreff: Bewerbung als Koch-Auszubildende

Sehr geehrter Herr Domalski,

Sie suchen ab September 2017 eine neue Kraft für Ihre Küche.
Hier bin ich!

**Mit Elan, Flexibilität, Teamgeist und Kreativität werde ich mich voll einsetzen.
Versprochen!**

Meinen Lebenslauf habe ich mit einem Kurzprofil zu meiner Person eingeleitet und mit einem Menü abgeschlossen, das ich vor Kurzem für Freunde zubereitete.

Gern würde ich Sie bald am schönen Tegernsee besuchen!

Mit freundlichen Grüßen

Anna Lengner

Severinstraße 13
83026 Rosenheim
0151 45 56 67 78
anna.lengner.rosi@web.de

Anna Lengner

Severinstraße 13
83026 Rosenheim
0151 45 56 67 78
anna.lengner.rosi@web.de

Restaurant Seeschlößchen
Geschäftsführer Rainer Domalski
Seestraße 37
83700 Rottach-Egern

Rosenheim, 4. Oktober 2016

Bewerbung um einen Ausbildungsplatz als Köchin, September 2017

Sehr geehrter Herr Domalski,

das kreative Verbinden von Teilen zu einem neuen Ganzen habe ich schon als Kind geliebt – Mosaike damals aus bunten Papierschnipseln, heute aus Fliesenbruch. Und so kam ich auch zum Kochen: Es reizt mich, mit bekannten Zutaten ein unbekanntes Neues zu schaffen, das dem Gaumen schmeichelt und den Magen verwöhnt.

Derzeit leiste ich das letzte Jahr der Mittelschule ab, die ich im Juni 2017 abschließen werde. Meine Schullaufbahn verlief nicht immer geradlinig, aber abwechslungs- und erkenntnisreich. Besonders in einem Montessori-Internat habe ich mich persönlich weiterentwickelt und konnte meiner Kochleidenschaft intensiv nachgehen. Die praktischen Aspekte des Kochens beherrsche ich gut, von der Planung, dem Einkauf über Zubereitung und Abschmecken bis hin zum Anrichten und Beschreiben der Gerichte. Ich koche alle Arten von Speisen, jedoch experimentiere ich besonders gern mit vegetarischen (auch veganen) Gerichten sowie leichten Mittagsmenüs.

Praktische Erfahrungen gewinne ich seit einem Jahr bei einem Caterer an meinem Wohnort. Darüber hinaus habe ich in einem Gästecasino eines Großunternehmens in Lausanne die Herausforderung angenommen, für eine Vielzahl von Gästen unter Anleitung eines Profis zu kochen. In einem Restaurant in Straßburg habe ich die Haute Cuisine regionaler Wild- und Fischgerichte sowie die vegane Küche kennen und schätzen gelernt.

Das Zusammenspiel verschiedener Arbeitsvorgänge im Team macht mir Spaß. Ich habe ein sicheres Gefühl dafür, was gerade besondere Aufmerksamkeit verlangt und wo vielleicht noch eine Zutat fehlt. Sehr gerne möchte ich Ihr renommiertes Haus dabei unterstützen, auch weiterhin dem Anspruch an höchste Qualität und Innovation gerecht zu werden. Ich freue mich daher bereits auf Ihre Einladung zu einem persönlichen Kennenlernen.

Mit freundlichen Grüßen *Anna Lengner*

Anlagen

Sie suchen einen Koch-Azubi?

Darf ich mich Ihnen hier vorstellen und heute empfehlen?

Anna Lengner
Severinstraße 13
83026 Rosenheim
0151 45 56 67 78
anna.lengner.rosi@web.de
* 31.7.2001, Altaussee/Österreich

Mutter: Carola Lengner, Krankenschwester
Vater: Markus Lengner, Maschinenbauingenieur

Ich suche einen Ausbildungsplatz als Köchin!

FAQs zu Anna Lengner

Schulische Leistungen? Deutsch und Englisch: sehr gut, Mathe und Biologie: gut genug; Religion und Geschichte: suboptimal, aber mit positivem Trend

Angestrebter Abschluss? Realschulabschluss, Juni 2017

Praktische Erfahrungen? Catering, Restaurant und Kantine; Koch-Assistentin meiner Mutter ab dem 11. Lebensjahr; erstes eigenes 4-Gänge-Menü mit 13 Jahren

Spezialitäten beim Kochen? Lunchmenüs, vegetarische und vegane Gerichte

Sprachkenntnisse und Auslandsaufenthalt? Englisch, Französisch; 1 Monat in London, 3 Monate in Lausanne und Straßburg

Persönliche Stärken? Multitasking, belastbar, kreativ, unkompliziert, gut gelaunt!

Freizeitinteressen? Volleyball, gesunde Ernährung, Mosaike gestalten und natürlich ...

Lebenslauf

Erste berufliche Erfahrungen

11/2015 – heute	Familiäre Unterstützung der Rosi-Lengner-Catering GmbH (Inhaberin: meine Tante), Rosenheim Spezialitäten: Fingerfood, leichte Mittagsmenüs, vegetarische Köstlichkeiten, Smoothies für Betriebsfeiern und Familienfeste
07 – 08/2016	Praktikum im Gästecasino (VIP-Kantine) des Unternehmens EOS, Lausanne/Schweiz
04/2016	Praktikum im Restaurant „Le Barbare", Straßburg/Frankreich Spezialitäten: regionale Wild-, Fischgerichte, vegane Gerichte

Schulischer Werdegang

Seit 08/2016	Berufsbildungszentrum Technik und Wirtschaft, Rosenheim
	Interessenschwerpunkte: Englisch, Sport, Kunst sowie Projekte zu Nachhaltigkeit, Ernährung und Gesundheit
	Angestrebter Abschluss: Realschulabschluss
08/2014 – 06/2016	Internat zum Guten Hirten, Passau
	Reformpädagogischer Ansatz (Montessori) mit Pflicht-, Wahl- und Ergänzungsfächern sowie Projekten; meine persönlichen Preferenzen: Lyrik klassisch und modern (Rap), kreatives Gestalten (online und offline), Zubereitung schmackhafter und gesunder Kost
	Abschluss: Hauptschulabschluss (Note: 3,1)
08/2011 – 07/2014	Luis-Trenker-Mittelschule, Passau
08/2007 – 07/2011	Narzissen-Grundschule Altaussee

Praktische Fähigkeiten

Sprachen	Englisch: fließend (seit 3. Schuljahr, 2014 einmonatiger Sprachkurs in England, Anwendung bei Besuch von englischer Austauschklasse und z.T. auch bei Kochpraktika)
	Französisch: gut (seit 7. Schuljahr, Anwendung mit französischen Internatsmitschülern, 2 französischsprachige Kochpraktika)
EDV	MS Office Word, Excel, PowerPoint
	Adobe InDesign, Photoshop
Führerschein	Fest eingeplant ab August 2018

Neugierig auf mein aktuellstes Menü?

Appetitanreger	Smoothie aus Honigmelone, Apfel, Aronia und Zitronenmelisse
Vorspeise	Canapés mit einer Melange von Chicorée, gereiftem Ziegenkäse, Süßrahm und Blattsenf „Moutarde rouge metis"
Hauptgang	Leicht gebräuntes Filet vom Ziegenkitz an karamelisierter Haferwurz, umgeben von Bamberger Hörnchen und schmelzenden Flocken aus Estragonbutter
Nachspeise	Rüblitarte an Orangen-Sorbet und Ingwerkristallen

Rosenheim, 04.10.2016   *Anna Lengner*

Anlagen

Arbeitsnachweise

Empfehlungsschreiben, Rosi-Lengner-Catering GmbH

Praktikumszeugnis, EOS-Gästecasino

Praktikumszeugnis, Restaurant „Le Barbare"

Bildungsdokumente

Hauptschulabschluss, Internat zum Guten Hirten

Zeugnis der 9. Klasse, Internat zum Guten Hirten

Sprachzeugnis, Brighton Language College

Abgangszeugnis, Luis-Trenker-Mittelschule, Passau

Referenzkontakte

Maître Luc Corbusier
Chefkoch des Gästecasinos von EOS
+41 21 66 43 34 88

Prof. Dr. Johannes Laberer
Leiter des Internats zum Guten Hirten
johannes.laberer@internat-guter-hirte.de

Zur Bewerbung von Anna Lengner (Köchin)

Anna bewirbt sich als Koch-Azubi und hat eine **E-Mail** an den potenziellen Ausbilder und Restaurantbesitzer geschrieben, der sie ihren Lebenslauf beifügt. Schon bei der Unterschrift (maschinenschriftlich wird diese Form genannt) spürt man deutlich: Anna weiß sich durchzusetzen und verfügt über eine gute Portion Selbstbewusstsein. Das ist in diesem Beruf sicher auch notwendig.

Alternativ haben wir auch hier einen etwas kürzeren zweiten E-Mail-Entwurf, der sogar noch ein wenig selbstbewusster ist. Entscheiden Sie, was Sie Anna empfehlen würden. Welcher E-Mail-Text spricht Sie mehr an? Es ist und bleibt Geschmackssache. Die Darbietung ist jedenfalls optisch schon ganz raffiniert. Und das Auge isst ja bekanntlich immer mit.

Ihr als Datei beigefügter **Lebenslauf** ist außergewöhnlich getextet (Frage-Antwort-Spiel) und auch optisch auffallend gestaltet. Das geht schon deutlich über die sonst übliche klassische Darstellung hinaus, die bei jungen Menschen meist noch wenige Lebensstationen umfasst. Interessant und geschickt, wie Anna ihre ersten beruflichen Erfahrungen und praktischen Fähigkeiten präsentiert. Die Idee, am Ende noch ein von ihr zusammengestelltes Menü beizufügen, überzeugt und macht neugierig auf sie.

Eine **Anlagenübersicht** (sogar mit Referenzkontakten) zeigt, dass Anna etwas draufhaben muss und sehr genau weiß, was sie will und wie sie es auch erreichen kann.

Bemerkenswert: Sowohl E-Mail als auch Lebenslauf sind selbstbewusst getextet, in wirklich außergewöhnlicher, fast dialogischer Form, ganz weg vom Standard. Sehr mutig!

Verbesserungswürdig: nicht viel! Vielleicht eine etwas schönere Zeilenumbruchgestaltung, die die Textbotschaften und den Sinn noch besser unterstützt. Außerdem wäre es schöner, die Unterschrift einzuscannen. Wenn Sie dies nicht selber können, finden Sie bestimmt jemand, der Ihnen dabei hilft. Und noch eine Idee: Mit ein paar Fotos verschiedener Gerichte als Anhang oder im Internet auf der eigenen Homepage bzw. bei Instagramm könnte Anna noch mehr Eindruck und Wirkung erzielen.

Felix Grünert Buchenweg 11 24145 Kiel
Telefon 0173 1234567 E-Mail: felix.gruenert@gmx.de

Autohaus Hansa Nord
Personalleitung
Herr Dietmar Fischer
Holzkoppelweg 1–3
24118 Kiel

12. Februar 2016

Ihr Stellenangebot auf bmw-hansa-nord.de
Ausbildung zum Kfz-Mechatroniker ab 1. September 2016

Sehr geehrter Herr Fischer,

weil ich meine Automobil- und Technikbegeisterung zum Beruf machen will, **weil** mich gerade BMW-Fahrzeuge faszinieren (wohl auch, **weil** BMW-Autos in meiner Familie Tradition sind) und **weil** ich meine Ausbildung in meiner Heimatstadt Kiel absolvieren möchte, habe ich mich auf Ihrer Homepage mit großer Neugier über entsprechende Angebote informiert.

Dabei stellte ich zu meiner großen Freude fest, dass Sie einen Ausbildungsplatz zum Kfz-Mechatroniker anbieten. Klar, dass ich Sie heute nun mit meinen Unterlagen davon überzeugen will, dass ich sehr gute Voraussetzungen für einen erfolgreichen Start in Ihrem Unternehmen mitbringe.

Derzeit besuche ich die gymnasiale Oberstufe der Humboldt-Schule Kiel. Bereits im Juni 2014 habe ich an dieser Schule einen guten mittleren Schulabschluss erlangt.

Bitte lesen Sie unbedingt die auf den Lebenslauf folgende Seite „Über meine Pläne",

auf der ich ausführlich beschreibe, wie ich inzwischen entschieden habe, statt dem Abitur in diesem Jahr lieber den Berufseinstieg zu erreichen.

In der Einleitung sprach ich bereits von meiner Auto-Leidenschaft. So hatte ich im Sommer 2013 in einem Praktikum in der Werkstatt des VW-Autohauses Kath die Chance, festzustellen, dass die Arbeit mit Autotechnik wirklich meinen Stärken und Interessen entspricht. Ich hatte riesigen Spaß daran, das Werkstatt-Team bei Reparatur-, Service- und Diagnosearbeiten zu begleiten, und stellte zudem auch fest, dass der Kundenkontakt reizvoller Teil der Arbeit war.

Wenn es um überzeugende Ziele geht – der Ausbildungsplatz in Ihrem Betrieb ist für mich zweifelsohne eines dieser Ziele – zeige ich Durchhaltevermögen, bin ausgesprochen zuverlässig und gründlich. Darüber hinaus können Sie von mir handwerkliches Geschick und den absolut sicheren Umgang mit Zahlen erwarten.

Natürlich hoffe ich sehr, dass es mir gelungen ist, Sie von meiner Auto-Leidenschaft und meiner Einsatzfreude zu überzeugen. In dem Fall freue ich mich über Ihre Einladung zu einem Gespräch.

Mit freundlichen Grüßen

Felix Grünert

Anlagen

LEBENSLAUF

Felix Grünert
Buchenweg 11
24145 Kiel
Telefon 0173 1234567
E-Mail: felix.gruenert@gmx.de

Geboren am 22. Januar 1998 in Kiel

SCHULBILDUNG

09.04 – 07.08	Grundschule Hardenberg, Kiel
09.08 – 07.14	Humboldt-Schule Kiel Abschluss der mittleren Reife mit der Note 2,4 im Sommer 2014
seit 09.14	Humboldt-Schule Kiel Besuch der gymnasialen Oberstufe

PRAKTIKA

08.13	VW-Autohaus Kath GmbH, Standort Kiel Praktikant in der Werkstatt Aufgaben in den Bereichen Reparatur, Service und Diagnose Teilnahme an Kundengesprächen
08.14	Steuerbüro Müller, Kiel Praktikant in der Buchhaltung Aufgaben in der Kontierung und Archivarbeiten

IT-KENNTNISSE

sehr gute Kenntnisse in MS-Office (Excel, Word, PowerPoint und Outlook)

SPRACHKENNTNISSE

gutes Englisch in Wort und Schrift
(zweiwöchige Sprachreise nach England im Frühjahr 2013)
Schulkenntnisse in Französisch

HOBBYS

Fußball (Mittelfeldspieler in der Jugendmannschaft von Holstein Kiel)
mein Motorroller
Actionfilme

Kiel im Februar 2016

Felix Grünert

Felix Grünert   Buchenweg 11   24145 Kiel
Telefon 0173 1234567   E-Mail: felix.gruenert@gmx.de

Über meine Pläne und Schulnoten

In Ihrer Stellenanzeige lese ich, dass Sie sich von Ihrem neuen Azubi für den Bereich Kfz-Mechatronik einen guten mittleren Schulabschluss wünschen. Wenn Sie sich in den Anlagen mein Abschlusszeugnis der 10. Klasse aus dem Jahr 2014 anschauen, werden Sie feststellen, dass ich diese Voraussetzung erfülle. Und dann blättern Sie bestimmt weiter und begutachten auch meine aktuelleren Zeugnisse. Auf diesen Seiten sind meine Noten dann „nicht mehr ganz so gut", um es vorsichtig auszudrücken.

Nun möchte ich diese derzeitigen schlechten Schulleistungen gar nicht schönreden oder etwa anderen dafür die Schuld in die Schuhe schieben. Schließlich trage ich selbst die Verantwortung, dass ich in letzter Zeit in der Schule nicht die mögliche und wünschenswerte Leistungsbereitschaft gezeigt habe.

Aber einen Erklärungsversuch will ich schon starten: Als 2014 für mich die wichtige Entscheidung anstand „Weitermachen bis zum Abitur oder die Schule mit der mittleren Reife verlassen", waren meine Eltern und ich unterschiedlicher Meinung. Meine Eltern stellten sich vor, dass ich zunächst Abitur mache, dann BWL mit dem Schwerpunkt Steuerlehre studiere, um später einmal die Steuerkanzlei zu übernehmen, die sie in den letzten 20 Jahren mit riesigem Einsatz aufgebaut und zum Erfolg geführt haben.

Ich hingegen bin technikbegeistert und großer Tüftler, der lieber seinen Motorroller repariert als Steuerkommentare durchforstet. Dementsprechend war es mein Ziel, die Schule mit der mittleren Reife abzuschließen, um schnellstmöglich im Kfz-Bereich zu starten.

Wer sich zwischenzeitlich durchgesetzt hat, erkennen Sie an der Tatsache, dass ich aktuell noch das Gymnasium besuche, allerdings ohne den notwendigen Einsatz, der ein gutes Abitur erwarten ließe. Ehrlich gesagt, verbringe ich meine Zeit eher auf dem Fußballplatz oder mit meinem Motorroller als mit meinen Schulbüchern.

Verständlicherweise haben meine Eltern und ich in den letzten Monaten sehr viel miteinander überlegt, auch gestritten und wieder geredet. Dabei ist es mir gelungen, meine Eltern davon zu überzeugen, dass ich als Kfz-Mechatroniker die Zufriedenheit finden kann, die sie als Steuerexperten erleben.

Warum ich Ihnen dies alles erzähle? Sie sollen daran erkennen, dass ich absolut engagiert bin, wenn ich meine Ziele verfolgen kann. Meine aktuellen unbefriedigenden Schulleistungen lassen sich vor allem als eine Art der Verweigerungshaltung und Rebellion gegen die Vorstellungen anderer erklären und haben ganz bestimmt nichts mit mangelnder Auffassungsgabe oder Ausdauer zu tun.

Nun ist Papier natürlich geduldig, und schreiben lässt es sich leicht über Einsatzfreude. Vielleicht könnten Sie mir ja die Chance geben, Sie während einer Probearbeitsphase vor Ausbildungsbeginn zu überzeugen, dass ich mich leidenschaftlich auf Aufgaben in der Mechatronik stürzen werde?!

Felix Grünert

Kommentar zu der Bewerbung von Felix Grünert (Kfz-Mechatroniker)

Felix hat für sein recht ausführliches **Anschreiben** eine angenehme Briefkopfgestaltung entwickelt. Seinen Familiennamen schreibt er in grün, was wir hier im Buch leider nicht darstellen können. Zwei Dinge fallen sofort auf: Gleich zu Beginn sind mehrere »weils« gefettet und in der Mitte der Seite finden wir in fetter, größerer Schrift die Aufforderung, unbedingt seine Dritte Seite zu lesen. Hinzu kommt, dass dieser Satz den Rahmen sprengt, denn er geht über die Ränder hinaus! Der Leser merkt sofort: Felix gibt sich große Mühe, den Empfänger, den er namentlich anspricht, von seiner »Auto-Leidenschaft« zu überzeugen. Entscheiden Sie selbst, ob ihm das gelungen ist. Wir finden, ja!

Sein einseitiger **Lebenslauf mit Foto** kommt ganz klassisch daher, beginnt mit der Schulbildung und verweist dann auf Praktika bei VW, Sprachkenntnisse und seine Hobbys. Das ist handwerklich und grafisch einfach, aber sehr schön gemacht. Schon beim Anschreiben und jetzt auch beim Lebenslauf unterschreibt Felix nicht selbst, sondern wählt eine Schrift aus dem Word-Programm, die eine Handschrift imitiert. Okay, kann man so machen, die eigene eingescannte Unterschrift ist aber schöner.

Jetzt kommen wir auf die bereits im Anschreiben angekündigte und dem Empfänger empfohlene **Dritte Seite**, die Auskunft über seine Motive und Entwicklung gibt. Eine ganze Menge zu lesen, was er hier dem zukünftigen Ausbilder zumutet. Wie überzeugend finden Sie diesen ausführlichen, wenn auch sehr sorgfältig formulierten Text? Wirkt er glaubwürdig und wird Herr Fischer sich davon beeindrucken lassen? Letztendlich zählt nur, dass er Felix einlädt. Denn lediglich in der persönlichen Begegnung und im Gespräch wird Felix überzeugen können. Mehr Informationen zur Dritten Seite finden Sie auf Seite 114.

Übrigens: Nicht jede Bewerbung muss per E-Mail versendet werden. Insbesondere bei kleineren Betrieben ist es am eindrucksvollsten, wenn Sie Ihre Bewerbungsunterlagen persönlich in einem großen Briefumschlag übergeben. So bekommt das Unternehmen bereits einen ersten Eindruck von Ihnen und Sie bleiben eher im Gedächtnis. Vielleicht ergibt sich sogar ein kurzes Gespräch mit einem Mitarbeiter. Außerdem können Sie schon einmal das Unternehmen von innen sehen, in dem Sie die nächsten Jahre Ihrer Ausbildung verbringen werden.

Bemerkenswert: die textliche Gestaltung von Anschreiben und Dritter Seite.

Verbesserungswürdig: Eine Textstraffung wäre nicht schlecht, mindestens ein Absatz weniger im Anschreiben und zwei Absätze weniger auf der sogenannten Dritten Seite.

Julia Grünmann
Heldenstraße 97
48323 Münster

Stadt Münster/Grünflächenamt
Herrn Max Reinartz
Kastanienallee 106
48310 Münster

Münster, 24. September 2016

Mein grüner Daumen für die Stadt Münster

Sehr geehrter Herr Reinartz,

vielen Dank für das freundliche Telefonat heute Morgen. Ich freue mich sehr, dass die Stadt Münster noch freie Ausbildungsplätze im Grünflächenamt hat, und bewerbe mich hiermit um meinen Traum-Ausbildungsplatz als Gärtnerin.

Im nächsten Sommer werde ich die Schule mit dem erweiterten Hauptschulabschluss verlassen und möchte dann den Beruf der Gärtnerin erlernen. Seit meiner Kindheit helfe ich meinen Großeltern begeistert bei der Pflege ihres Schrebergartens. In den letzten drei Schuljahren konnte ich außerdem in der AG Feuchtbiotop viele Erfahrungen sammeln.

Als auszubildende Gärtnerin möchte ich gerne dazu beitragen, das Erscheinungsbild meiner Heimatstadt Münster zu pflegen und zu verschönern. Ich freue mich sehr auf die Einladung zu einem Vorstellungsgespräch.

Mit freundlichen Grüßen

Julia Grünmann

Anlagen

Grünmann

Bewerbung
für die Stadt Münster
Grünflächenamt

Julia Grünmann

Heldenstraße 97
48323 Münster

Telefon: 0251 – 545 98 98
E-Mail: gruenmann@gmx.de

geboren am 01.05.2000
in Münster

Lebenslauf
Julia Grünmann

Persönliche Daten

geb. 1. Mai 2000
in Münster

Eltern und Geschwister:　　　Günther Grünmann, Architekt
　　　　　　　　　　　　　　Beate Grünmann, geb. Huck, Floristin
　　　　　　　　　　　　　　eine jüngere Schwester, Schülerin der 5. Klasse

Schulbildung

2006 – 2010	Grundschule, Münster
seit 2010	Hauptschule, Münster
Abschluss:	Sommer 2017
Lieblingsfächer:	Biologie, Kunst, Werken
Schulisches Engagement:	Mitglied in der „AG Feuchtbiotop" zur Begrünung unseres Schulhofs

Außerschulische Interessen

Sport und Freizeit:	Reiten und Gärtnern
Ehrenamtliche Tätigkeit:	Messdienerin

Berufswunsch:　　　　　**Gärtnerin**

Münster, 24. September 2016　　　*Julia Grünmann*

Ich sag es durch die Blume:

Julia Grünmann ist ...

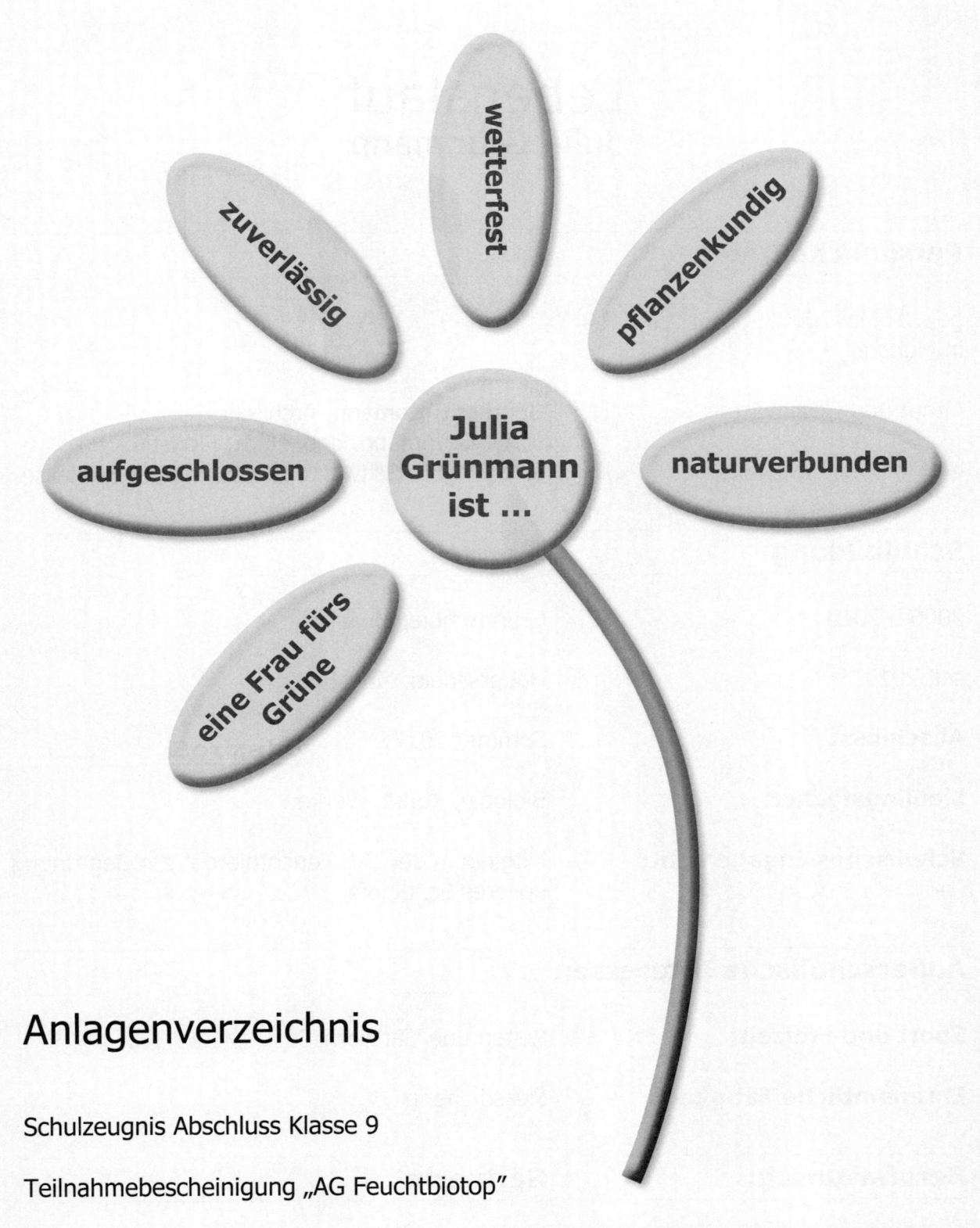

- wetterfest
- zuverlässig
- pflanzenkundig
- aufgeschlossen
- naturverbunden
- eine Frau fürs Grüne

Anlagenverzeichnis

Schulzeugnis Abschluss Klasse 9

Teilnahmebescheinigung „AG Feuchtbiotop"

Bilder und Kurzbeschreibung des Schul-Feuchtbiotops, das ich seit drei Jahren pflege

Zur Bewerbung von Julia Grünmann (Gärtnerin)

Kaum zu glauben, dass sich diese junge Dame als Gärtnerin bewirbt. So wie ihre Unterlagen aussehen, hätte sie sicher auch als Werbe- und Mediengestalterin eine Chance. Mit relativ wenig Mitteln schafft sie es, einen optisch sehr überzeugenden Eindruck zu machen.

Erster Blickfang ist das Logo oben rechts im **Anschreiben**. Hier hat sie ihren Namen mit einem stilisierten Baum in Szene gesetzt. Der Strich darunter deutet eine Wiese an. In welcher Farbe unsere Bewerberin den Baum und den Strich im Original versendet, können Sie sich bestimmt vorstellen ... Also, alles im grünen Bereich bei Julia Grünmann!

Mit diesem Logo fällt sie auf und bietet dem Auge des Lesers eine Art roten Faden (besser: einen grünen Faden), der sich durch die gesamten Unterlagen zieht und die vier Seiten als Ganzes erscheinen lässt. Natürlich braucht nicht jeder Bewerber gleich sein eigenes Logo zu entwerfen, es geht uns hier vielmehr um eine Möglichkeit, die wir aufzeigen wollen.

Julias Anschreiben beginnt mit dem Hinweis auf ein Telefonat. Das klingt freundlich und zeigt, dass sie versucht hat, einen persönlichen Ansprechpartner herauszufinden. Der Ausdruck » Traum-Ausbildungsplatz « vermittelt echte Begeisterung, und der nächste Abschnitt verstärkt dies, da sie sich schon jetzt als Hobbygärtnerin engagiert. Schön ist auch zum Abschluss die Auflistung ihrer persönlichen Gründe, warum sie gerade in Münster für das Grünflächenamt arbeiten möchte.

Auf ihrem **Deckblatt** platziert sie ein großes Foto von sich, benennt den Empfänger der Bewerbung und gibt ihre Adress- und Geburtsdaten an. Es hätte hier sicherlich auch noch Platz für die eine oder andere Eigenschaft gegeben, die sie auszeichnet (Stichwort: Profil).

Der Lebenslauf ist klar und übersichtlich in drei Abschnitte unterteilt. So kann der Leser die wichtigen Informationen schnell aufnehmen. Ohne dabei zu übertreiben oder gar aufdringlich zu wirken, bringt Julia ihr Engagement zum Ausdruck. Extra deutlich hervorgehoben wird der Berufswunsch. Das wirkt!

Mit ihrem » Schulischen Engagement « und dem Gärtnern als Freizeitbeschäftigung dürfte Julia auf jeden Fall Pluspunkte sammeln. Die » Messdienerin « hat zwar weniger mit Natur und Garten zu tun, zeigt aber, dass Julia ein engagierter junger Mensch ist, der auch mit dem Frühaufstehen (und das sogar an Sonntagen!) offensichtlich keine Probleme hat.

Auf der **Dritten Seite** geht es » blumig « weiter. Die grauen Flächen sind im Originalausdruck natürlich grün. Sehr schön verbindet Julia hier Bildsprache und Text miteinander. Das wirkt sympathisch und engagiert und teilt dem Leser schnell und spielerisch die wichtigsten Eigenschaften der Bewerberin mit. Zusätzlich gibt sie uns hier auch noch eine Anlagenübersicht. Super gemacht!

Bemerkenswert: das tolle Design, die gelungene bildhafte Umsetzung.

Verbesserungswürdig: Auf der Deckblattseite könnten noch ein paar Argumente für sie als die richtige Kandidatin angegeben werden.

Marie Schlüter • **Hertzstraße 44** • **44579 Castrop-Rauxel**

Goldschmiede Unikat
Herrn Otto Schmarge
Parkallee 15
44121 Castrop-Rauxel

Castrop-Rauxel, 6. Juli 2016

Bewerbung um einen Ausbildungsplatz als Goldschmiedin

Sehr geehrter Herr Schmarge,
ich möchte Sie gern auf jemanden aufmerksam machen: auf mich.

Kurz zu mir: Ich heiße Marie Schlüter, besuche zurzeit die 9. Klasse der Sophie-Scholl-Realschule und bin 16 Jahre alt.
Mitte Juni nächsten Jahres werde ich dort meine mittlere Reife machen.

Zu meinem Berufswunsch: Ich wünsche mir unbedingt einen Ausbildungsplatz als Goldschmiedin in Ihrem Unternehmen.

Und was ich Ihnen anbieten kann: Erste Eindrücke in diesem Beruf habe ich bereits bei einem zweiwöchigen Praktikum im Sommer 2015 sammeln können.
Das hat meinen Berufswunsch noch verstärkt.
Zu meinen Stärken zählen mein handwerkliches Geschick und meine künstlerische Ader.
Seit Jahren fertige ich mit großem Engagement Schmuckstücke für Freundinnen und für mich selbst an. Ich würde sehr gern lernen, mit Edelmetallen zu arbeiten.
Besonderen Spaß bereiten mir Ansteckbroschen und Ohrringe.
Außerdem bin ich sehr kontaktfreudig, sodass mir auch die Beratung der Kunden große Freude machen würde.

Gerne sende ich Ihnen weitere Unterlagen zu ... und stehe Ihnen jederzeit für ein persönliches Gespräch zur Verfügung.

Mit freundlichen Grüßen

Marie Schlüter

e: m.schlüter@mpi.de • t: 163 12 11 654 • www.facebook.com / m.schlueter

Es stellt sich Ihnen vor ...

Marie Schlüter

Marie Schlüter

Hertzstraße 44
44579 Castrop-Rauxel
handy   163 12 11 654
email   m.schlüter@mpi.de

... als Ihre neue Auszubildende

Marie Schlüter geboren 22.02.2000 in Castrop-Rauxel
Hertzstraße 44
44579 Castrop-Rauxel
handy   163 12 11 654
email   m.schlüter@mpi.de
www.facebook.com/m.schlueter

L	eidenschaft:	Schmuck
E	rfahrungen:	Goldschmiede-Praktikum im Sommer 2015
B	erufswunsch:	Goldschmiedin
E	ltern:	Dr. med. Erich Schlüter, Internist Gesa Schlüter, geb. Orth, Lehrerin
N	otendurchschnitt:	2,2
S	chulabschluss:	Mittlere Reife, Sommer 2017
L	ieblingsfächer:	Werken, Kunst und Musik
A	ußerschulische Interessen:	Schmuck anfertigen, Eishockey und Gitarre spielen
U	nd sonstige Interessen:	Mitarbeit in der Jugendgruppe Castrop-Rauxel Nord
F	remdsprachen:	Englisch, Französisch

Castrop-Rauxel, 6. Juli 2016   *Marie Schlüter*

Zur Bewerbung von Marie Schlüter (Goldschmiedin)

Marie weiß, dass es insbesondere bei einer **Initiativbewerbung** darauf ankommt, die Aufmerksamkeit des Adressaten zu gewinnen (siehe Seite 48). Diesen kann sie namentlich ansprechen, was schon einmal von großem Vorteil ist! Sie hat sich für eine originelle (Kurz-)Bewerbung entschieden – quasi eine Kombination aus **Anschreiben** und **Lebenslauf**. Ein peppiger Einstieg, dann das **Foto** – das fällt mit Sicherheit auf! Außerdem führt der gut strukturierte sowie lesefreundliche Kurztext dazu, sich mit dieser Bewerbung und ihrem Absender etwas mehr zu beschäftigen.

Die Einstiegssätze zu den einzelnen Absätzen sind nicht nur auffällig, sondern ermöglichen dem Leser, sehr schnell zu erfassen, was die Botschaft ist. Positiv auch das Facebook-Profil ganz unten in der Fußzeile, das der interessierte Leser bestimmt besuchen wird, in der Hoffnung, weitere Infos, vielleicht auch Fotos zu finden.

Das kann – so wie es ist – schon allein per Mail verschickt werden oder in einem Kuvert (lang) per klassischer Post zum Empfänger gelangen. Die nächsten beiden Seiten können, müssen aber nicht dazugegeben werden. Sie haben auch ganz allein in dieser Zusammenstellung von zwei Seiten eine enorme Informationskraft und können als Bewerbung versendet werden.

Mit Sicherheit wird der Leser nach dem **Deckblatt** »Es stellt sich Ihnen vor …« auch die nächste Seite lesen wollen. Hier begegnet er einer recht kreativen Art, den **Lebenslauf** darzustellen. Alle wesentlichen Daten und Angaben sind sehr komprimiert darin enthalten. Auch eine solch ungewöhnliche Form ist möglich. Falls Sie sich für diese oder eine ähnliche kreative Lebenslauf-Variante entscheiden, sollten Sie aber sicher sein, dass Sie sich nicht gerade bei einem »erzkonservativen« Unternehmen bewerben, das für alternative Ideen vielleicht nicht so aufgeschlossen ist. Auf jeden Fall beweist Marie so eine gute Portion Ideenreichtum – sicherlich eine wesentliche Voraussetzung für den Beruf der Goldschmiedin.

Bemerkenswert: die kreative Form aller drei Teile, Anschreiben, Deckblatt und Lebenslauf.

Verbesserungswürdig: Marie könnte den Link zu ihrem Facebook-Profil auch im Text verankern und darauf hinweisen, was dort zu finden ist!

An...: d.wollenberger@ex.gmbh

Betreff: Darf ich Ihr neuer Auszubildender werden?

Sehr geehrte Frau Wollenberger,

schon seit vielen Jahren gehört allen Themen rund um den Computer und der damit verbundenen Technik mein großes Interesse. Meine Begeisterung für diesen Bereich und mein sehr gutes technisches sowie mathematisches Verständnis möchte ich nun gerne in den Beruf des Fachinformatikers einbringen und sende Ihnen deshalb im Anhang meine Bewerbungsunterlagen für den von Ihnen angebotenen Ausbildungsplatz.

Ich freue mich auf Ihre Antwort und verbleibe
mit besten Grüßen

Stefan Pauls

Am Gleis 78
27432 Bremervörde
Telefon: 0157 57 333 221
E-Mail: p.pauls@yahoo.de

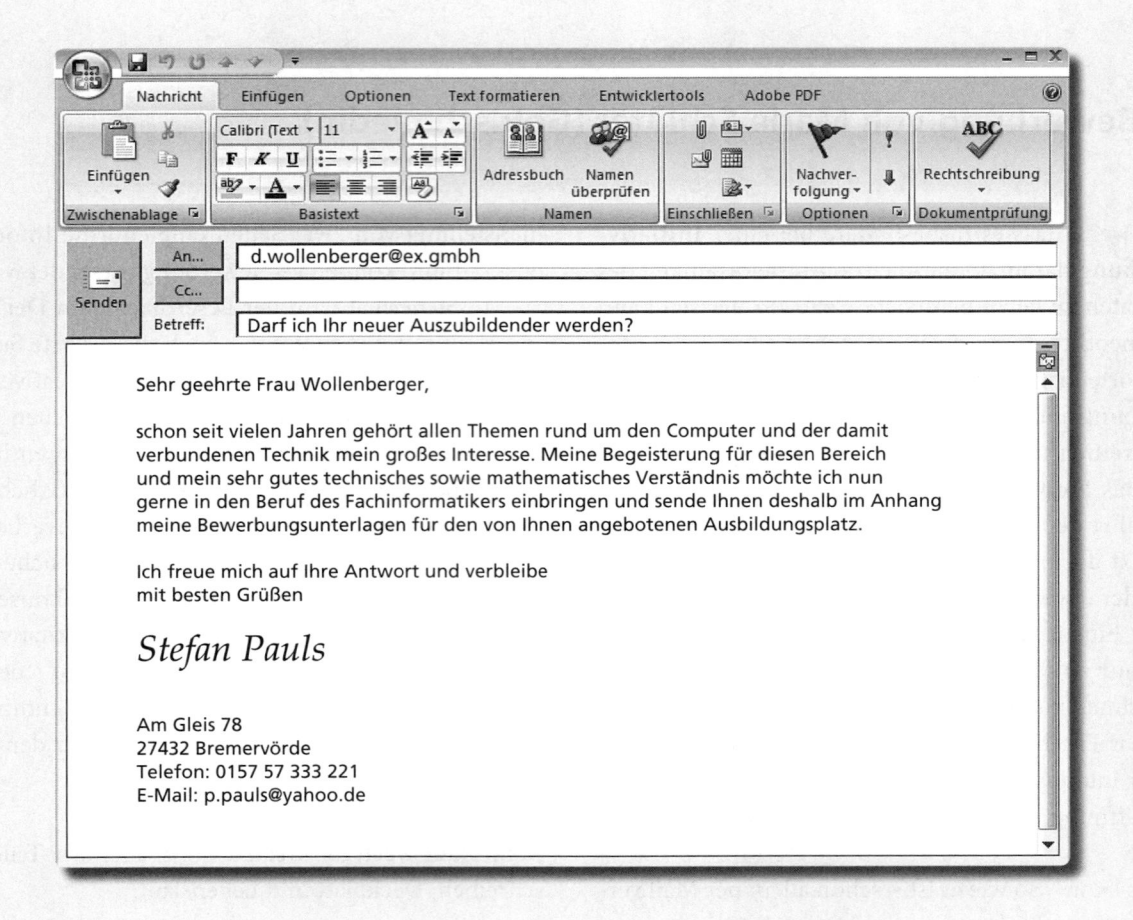

Kommentar zur E-Mail von Stefan Pauls

Eine kurze, schlichte E-Mail-Anfrage, die gleich auch im Anhang die Bewerbungsunterlagen (Anschreiben, Deckblatt mit Foto und Lebenslauf, eventuell auch das letzte oder vorletzte Zeugnis) transportiert. Die Betreffzeile ist unmissverständlich getextet. Die Unterschrift ist maschinenschriftlich eingesetzt (wenn auch eine bewusst andere Schrift). Eine eingescannte Unterschrift wäre aber besser, vor allem bei diesem Berufswunsch. So wenig bedarf es, um nachzufragen und sich ins Gespräch zu bringen. Eine gute Vorlage!

STEFAN PAULS

Am Gleis 78
27432 Bremervörde
Telefon: 0157 57 333 221
E-Mail: s.pauls@yahoo.de

E & X GmbH
Frau Dagmar Wollenberger
Industriestraße 1
27432 Bremervörde 6. Januar 2016

Ausbildung zum Fachinformatiker – Systemintegration
Ihre Annonce im Internetstellenportal der Arbeitsagentur

Sehr geehrte Frau Wollenberger,

schon seit vielen Jahren gehört allen Themen rund um den Computer und der damit verbundenen Technik mein großes Interesse. Meine Begeisterung für diesen Bereich und mein sehr gutes technisches sowie mathematisches Verständnis möchte ich nun gerne in den Beruf des Fachinformatikers einbringen und mich in Ihrem Unternehmen ausbilden lassen.

Da ich mich schon länger für diesen Beruf interessiere, habe ich bereits drei Praktika in verschiedenen Unternehmen absolviert und konnte dabei bereits bei kleineren Aufgaben meine schon vorhandenen Erfahrungen einsetzen und mir einen umfassenden Eindruck des Arbeitsalltages eines Fachinformatikers verschaffen. Im privaten Bereich bin ich seit einigen Jahren Hauptansprechpartner für Freunde und Bekannte bei der Anschaffung eines neuen PCs, bei Installationen oder kleineren Reparaturen. Dabei bereitet es mir ganz besondere Freude, Neuanschaffungen bestmöglich auf die Wünsche und Bedürfnisse des Käufers abzustimmen.

Bei der Fehler- bzw. Schwachstellenidentifizierung und -behebung kommt mir meine **ausgeprägte Analysefähigkeit ebenso zugute wie mein gutes technisches Verständnis.**

Ich freue mich darauf, mein Wissen in der Ausbildung zum Fachinformatiker zielgerichtet zu vertiefen und Ihr Mitarbeiterteam tatkräftig zu unterstützen. Die Ausbildung kann ich im August beginnen und bin gerne bereit, Sie vorher durch ein Praktikum in den Ferien von meiner Eignung zu überzeugen.

Natürlich freue ich mich darauf, dass Sie mich zu einem persönlichen Kennenlernen einladen und verbleibe mit freundlichen Grüßen

Stefan Pauls

PS: Besuchen Sie mich auf meiner Facebook-Seite www.facebook.com/stefanpauls.

Anlagen

STEFAN PAULS

Am Gleis 78
27432 Bremervörde
Telefon: 0157 57 333 221
E-Mail: s.pauls@yahoo.de

Bremervörde, 6. Januar 2016

Stefan Pauls

Bewerbung als Auszubildender zum Fachinformatiker – Systemintegration

- Große Begeisterung für Computer, für Software und für Technik
- Freude am Analysieren und Beheben von Schwachstellen

Bewerbungsunterlagen

für die

E & X GmbH
Frau Dagmar Wollenberger
Industriestraße 1
27432 Bremervörde

STEFAN PAULS

Am Gleis 78
27432 Bremervörde
Telefon: 0157 57 333 221
E-Mail: s.pauls@yahoo.de

PERSÖNLICHE DATEN

Geburtsdatum	8. Juli 1999
Geburtsort	Hamburg

SCHULAUSBILDUNG

2006 – 2010	Grundschule St. Anna in Hamburg
2010 – 2016	Realschule, Schulzentrum Süd in Bremervörde

- **Realschulabschluss im Juni 2016**

PRAKTIKA

2013	Helmut Hansen GbR in Bremervörde

- Begleitung zu Kundenterminen
- Gemeinsame Durchführung von Fehleranalysen

2014	Albert GmbH in Rotenburg Wümme

- Assistenz bei der Wartung der Maschinen

2015	Wenner Systeme in Bremervörde

- Begleitung zu Kundenterminen zwecks Klärung der Bedarfe
- Bestellung von Softwarekomponenten und gemeinsame Installation beim Kunden

SONSTIGES

EDV-Kenntnisse	Word, Excel, PowerPoint (sehr gut)
Englischkenntnisse	Sehr gut
Hobbys	IT, Technik, Fußball, Wasserball
Führerschein	Rollerführerschein

Bremervörde, 6. März 2016

Stefan Pauls

Zur Bewerbung von Stefan Pauls (Fachinformatiker)

Ein schlicht gestalteter Briefkopf mit Angabe des Ansprechpartners und persönlicher Ansprache dessen sowie drei gefettete Zeilen im Text, die sofort den Blick des Lesers auf sich ziehen. Was für ein raffiniert gestaltetes **Anschreiben**, bei dem die Aufmerksamkeit des Lesers dann auch noch etwas länger an der Zeile des PS hängen bleibt. Diese »Einladung« (Stichwort Facebook) wird man sich als Auswähler nicht entgehen lassen.

Sehr ansprechend getextet, unterstützt die grafische Aufbereitung des Anschreibens die positive Aufmerksamkeit und lässt den Leser neugierig werden, was denn jetzt noch so alles kommt. Der Empfänger wird sicherlich später das Anschreiben komplett und in aller Ruhe lesen und prüfen. Aber zunächst einmal ist es Stefan gelungen, einen guten Einstieg zu finden und neugierig auf sich und noch mehr Infos zu machen. Seine vorbildliche Zeilenführung und der Sinn unterstützende Zeilenumbruch fallen vielleicht nicht jedem sofort auf, sind Stefan aber hier sehr gut gelungen! Die maschinenschriftliche Unterschrift (Vor- und Nachname!) ist nicht ganz so vorbildlich, aber immerhin ein Versuch, es dem Ideal anzugleichen!

Das **Deckblatt** fällt sofort durch das Foto mit nochmaliger (Handschrift ähnlicher) Unterschrift und Orts- und Datumszeile auf. Hätte er seine eigene Unterschrift eingescannt, wäre das ein starkes Persönlichkeits-Element, das Stefan anbietet und mit zwei weiteren Punkten toppt, die offensichtlich aus seiner Sicht für ihn als den richtigen Kandidaten sprechen. Hier hätte sicher noch ein dritter Punkt gut hingepasst. In jedem Fall ist Stefan eine interessante Deckblattgestaltung gelungen. Kompliment!

Der **Lebenslauf** kommt ohne diese typische Überschrift aus. Nicht schlecht! Im gleichen Design präsentiert er die wichtigsten Daten. Wer mit drei Praktika glänzen kann, hat natürlich einen bedeutsamen Vorteil. Leider erfährt der Leser zu wenig über Geschäftsgegenstand und Branche der Betriebe, bei denen Stefan seine Praktika gemacht hat. Hier fehlen wichtige Informationen. Schade, das kann man leicht besser machen! Lediglich beim letzten Praktikum können wir erahnen, dass es sich wohl um eine Firma im EDV-Bereich handelte.

Bemerkenswert: die gelungene Gesamtkomposition.

Verbesserungswürdig: Stefan sollte seine eigene Unterschrift einscannen und mehr Informationen über die Unternehmen geben, bei denen er Praktika gemacht hat.

Variante 1

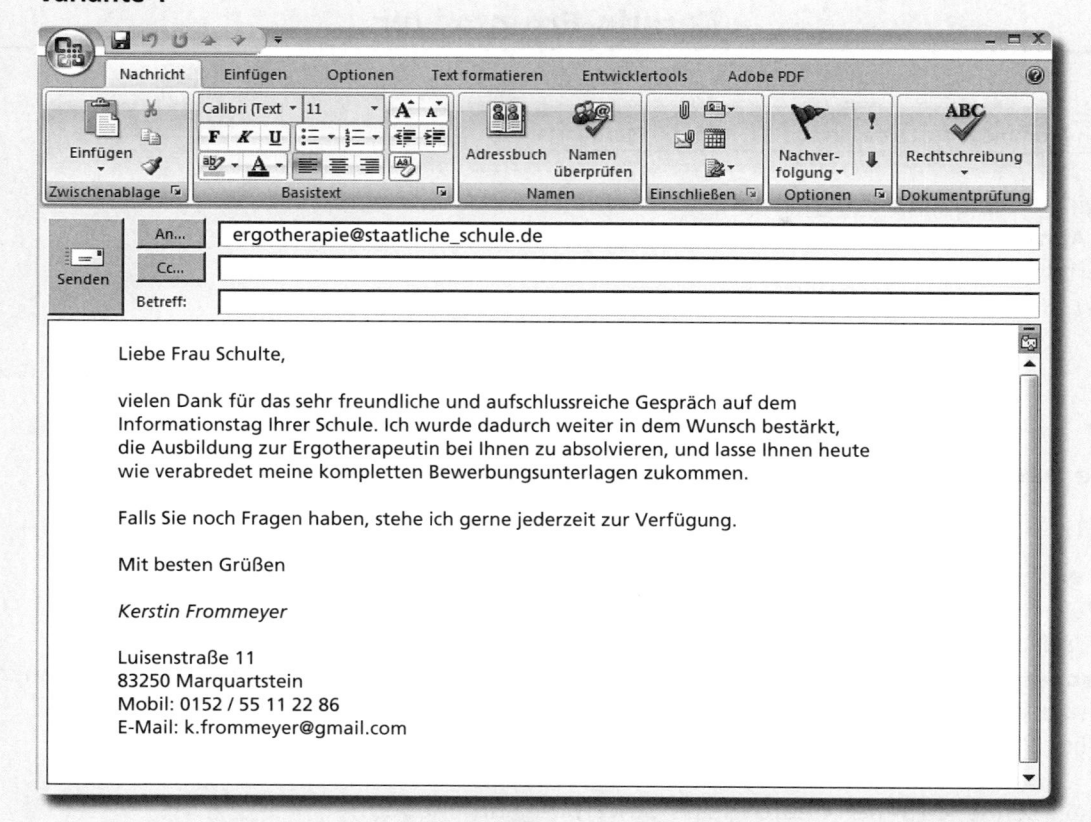

An: ergotherapie@staatliche_schule.de
Cc:
Betreff:

Liebe Frau Schulte,

vielen Dank für das sehr freundliche und aufschlussreiche Gespräch auf dem Informationstag Ihrer Schule. Ich wurde dadurch weiter in dem Wunsch bestärkt, die Ausbildung zur Ergotherapeutin bei Ihnen zu absolvieren, und lasse Ihnen heute wie verabredet meine kompletten Bewerbungsunterlagen zukommen.

Falls Sie noch Fragen haben, stehe ich gerne jederzeit zur Verfügung.

Mit besten Grüßen

Kerstin Frommeyer

Luisenstraße 11
83250 Marquartstein
Mobil: 0152 / 55 11 22 86
E-Mail: k.frommeyer@gmail.com

Variante 2

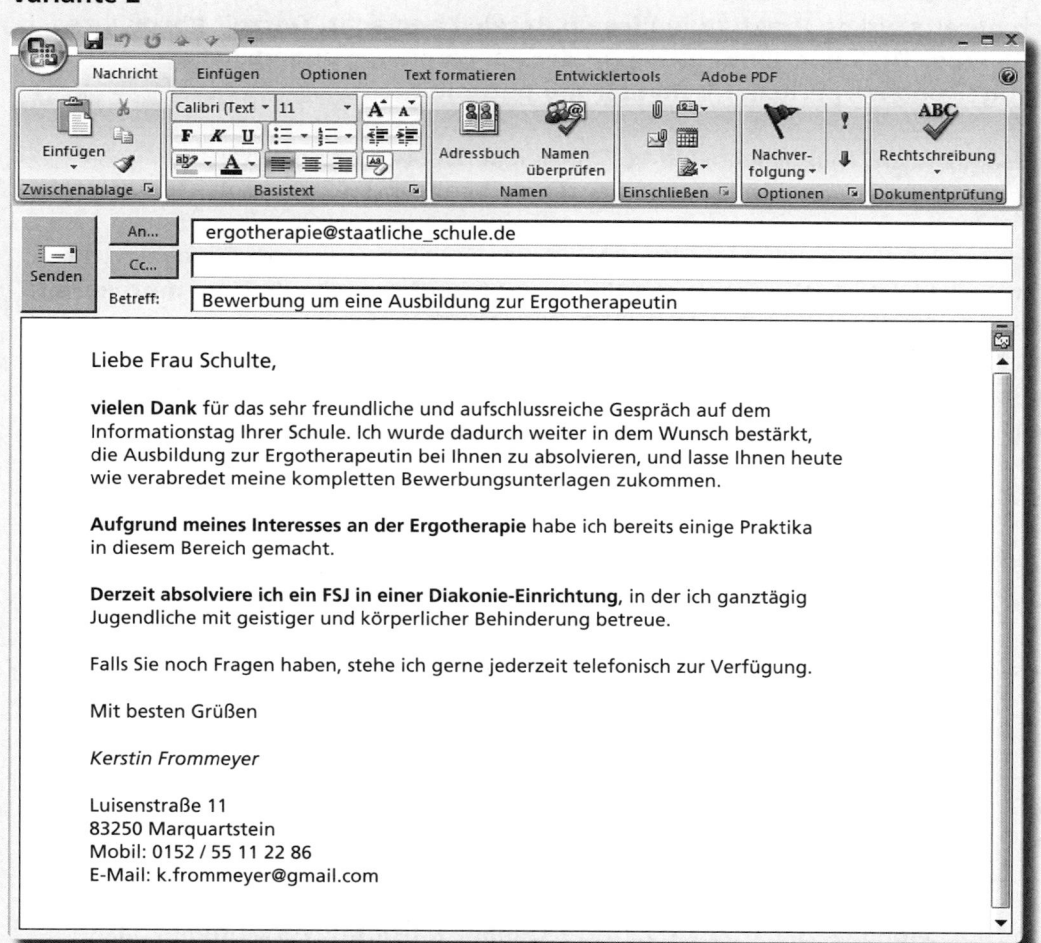

An: ergotherapie@staatliche_schule.de
Cc:
Betreff: Bewerbung um eine Ausbildung zur Ergotherapeutin

Liebe Frau Schulte,

vielen Dank für das sehr freundliche und aufschlussreiche Gespräch auf dem Informationstag Ihrer Schule. Ich wurde dadurch weiter in dem Wunsch bestärkt, die Ausbildung zur Ergotherapeutin bei Ihnen zu absolvieren, und lasse Ihnen heute wie verabredet meine kompletten Bewerbungsunterlagen zukommen.

Aufgrund meines Interesses an der Ergotherapie habe ich bereits einige Praktika in diesem Bereich gemacht.

Derzeit absolviere ich ein FSJ in einer Diakonie-Einrichtung, in der ich ganztägig Jugendliche mit geistiger und körperlicher Behinderung betreue.

Falls Sie noch Fragen haben, stehe ich gerne jederzeit telefonisch zur Verfügung.

Mit besten Grüßen

Kerstin Frommeyer

Luisenstraße 11
83250 Marquartstein
Mobil: 0152 / 55 11 22 86
E-Mail: k.frommeyer@gmail.com

Kerstin Frommeyer

Kerstin Frommeyer – Luisenstraße 11 – 83250 Marquartstein

Staatliche Schule für Ergotherapie
Frau Annemarie Schulte
Mozartstraße 1
83251 Marquartstein

6. Januar 2016

Bewerbung um eine Ausbildung zur Ergotherapeutin

Sehr geehrte Frau Schulte,

da es mir schon seit vielen Jahren ein Herzensanliegen ist,
Menschen mit einem besonderen Förderbedarf in ihrer Entwicklung zu unterstützen
sowie zu fördern, und mir der Umgang mit den verschiedensten Menschen
sehr liegt, möchte ich gerne eine Ausbildung zur Ergotherapeutin absolvieren.

Deshalb sende ich Ihnen heute meine Bewerbungsunterlagen.

Aufgrund meines frühen Interesses an der Ergotherapie
**habe ich bereits einige Praktika in diesem Bereich gemacht. Derzeit absolviere ich
ein FSJ in einer Diakonie-Einrichtung, in der ich ganztägig Jugendliche
mit geistiger und körperlicher Behinderung betreue.**

Es interessiert mich, maßgeschneiderte Therapiekonzepte zu erarbeiten
und die Entwicklungsfortschritte der Patienten zu beobachten.

Aufgrund meines kommunikativen Wesens und meiner Begeisterungsfähigkeit
fällt es mir leicht, die **Patienten zur aktiven und freudigen Mitarbeit zu motivieren**,
was meiner Meinung nach die wichtigste Grundlage für den Erfolg
der ergotherapeutischen Arbeit bildet. Im Umgang mit den Patienten
zeichne ich mich durch große Geduld sowie Einfühlungsvermögen aus
und stelle mich schnell auf Menschen verschiedenster Prägung ein.

Die Ausbildung bei Ihnen kann ich ab dem Sommer beginnen.

Ich freue mich, wenn meine Bewerbung Ihr Interesse weckt und stehe Ihnen gerne
und ganz flexibel für ein persönliches Kennenlernen zur Verfügung.

Mit besten Grüßen

Kerstin Frommeyer

Anlagen

Luisenstraße 11 • 83250 Marquartstein
Mobil: 0152 / 55 11 22 86 • E-Mail: k.frommeyer@gmail.com

Kerstin Frommeyer

Lebenslauf

Persönliche Daten

Geboren am 10. Juli 1997 in Siegen

Tätigkeit

Seit 09.2015 **Freiwilliges Soziales Jahr**
Camphill, Schweiz
- Ganztägige Betreuung Jugendlicher mit geistiger und körperlicher Behinderung

Praktika

05.2014 **Sozialpraktikum**
Camphill, Schweiz
- Ganztägige Betreuung Jugendlicher mit geistiger und körperlicher Behinderung

07.2013 **Praktikum Werkstatt**
Rosenheimer heilpädagogische Werkstätten GmbH
- Unterstützung bei den Arbeiten in der Werkstatt

09.2011 **Praktikum Reittherapie**
Sonnenhof Chiemsee, Breitbrunn
- Vorbereitung der Pferde
- Unterstützung beim Reiten
- Anleitung von Bewegungsübungen

Schulbildung

07.2015 **Realschulabschluss**
Freie Waldorfschule, Rosenheim

Weiterbildung

Gebärdensprache Gute Kenntnisse (in der Schweiz erlernt)

07.2014 **Erste-Hilfe-Kurs**
Johanniter, Rosenheim

Luisenstraße 11 • 83250 Marquartstein
Mobil: 0152 / 55 11 22 86 • E-Mail: k.frommeyer@gmail.com

Kerstin Frommeyer

Sonstiges

Nebenjob	Aushilfe (11.2012 – 11.2014) Pizza Timo, Marquartstein
Fremdsprache	Englisch (sehr gut)
Auslandsaufenthalte	Australien (einjähriges Schüleraustauschprogramm)
EDV-Kenntnisse	MS-Word, OpenOffice (gut)
Führerschein	Klasse B und BE, Pkw vorhanden
Hobbys	Reiten, Bergsteigen
Soziales Engagement	Mithilfe beim Kindernotruf

Marquartstein, 6. Januar 2016

Kerstin Frommeyer

Luisenstraße 11 ▪ 83250 Marquartstein
Mobil: 0152 / 55 11 22 86 ▪ E-Mail: k.frommeyer@gmail.com

Zur Bewerbung von Kerstin Frommeyer (Ergotherapeutin)

Hier verschickt Kerstin ihre Bewerbungsunterlagen per **E-Mail**. Der Text in der ersten E-Mail-Maske ist kurz und sympathisch, erklärt, worum es geht, hat aber leider keine Betreffzeile. Schade!

Der zweite Vorschlag ist etwas ausführlicher und verfügt auch über eine Betreffzeile. Diese sollte in Ihrer E-Mail niemals fehlen! Auffällig sind die Satzanfänge in fetter Schrift. Was halten Sie davon? So kann man es auch machen, das wird optisch doch noch etwas schneller wahrgenommen.

Das **Anschreiben**, adressiert an Frau Schulte, die offensichtlich darüber entscheidet, wer zur Ausbildung zugelassen wird, vermittelt, was Kerstin für diesen Beruf motiviert. Auch hier wird mit gefetteten Satzteilen gearbeitet. Bedingt durch Praktika-Erfahrungen und das FSJ überzeugt diese Bewerbung allein schon mit den gut vorgetragenen Argumenten im Anschreiben.

Ohne Deckblatt (das geht also auch) präsentiert uns Kerstin ihren eineinhalbseitigen Lebenslauf, der ansprechend gestaltet ist. Insbesondere die Abteilung »Sonstiges« ist vorbildlich getextet. Natürlich wird Kerstin zu ihrem sozialen Engagement beim Kindernotruf befragt werden.

Anschreiben und Lebenslauf sind mit eingescannten Unterschriften versehen. Das hätte Kerstin auch für die E-Mail nutzen sollen.

Bemerkenswert: der Abschnitt »Sonstiges« im Lebenslauf. Außerdem fallen die sorgfältig geplanten und ausgeführten Zeilenumbrüche positiv auf: Die Zeilen werden nicht irgendwo mitten im Satz umbrochen, sondern so, dass der Sinn unterstützt wird.

Verbesserungswürdig: die Unterschrift und die Betreffzeile der E-Mail.

So gelangen Sie zu Ihrem Online Content

Liebe Leserin, lieber Leser,

um Sie bei Ihrem Bewerbungsvorhaben bestmöglich zu unterstützen, stellen wir Ihnen die im Buch enthaltenen Bewerbungsbeispiele zum Herunterladen und Bearbeiten im **RTF-Format** als **Online Content** zur Verfügung. Denken Sie daran, die Vorlagen nicht eins zu eins zu übernehmen, sondern Ihren eigenen Weg zu gehen. Individualität ist wichtig für den Bewerbungserfolg! Sie können aber von den Vorlagen profitieren, indem Sie sie für Ihre eigene Bewerbung anpassen und sich dadurch viel Arbeit und Mühe sparen. Außerdem finden Sie weitere Bewerbungsbeispiele als Online Content, die nicht im Buch vorkommen.

Sie gelangen zu Ihrem Online Content, indem Sie die Seite
www.berufundkarriere.de/onlinecontent
aufrufen und den Anweisungen auf der Website folgen.

Jonas Becker
Schönhauserstraße 66
01100 Dresden
Tel.: 0351/8899022

Universitätsklinikum Rostock
Anstalt öffentlichen Rechts
Pflegedienstleitung
Frau Schöller
PF 12 08 88
18056 Rostock

Dresden, 25.10.2016

Bewerbung um einen Ausbildungsplatz
zum Gesundheits- und Kinderkrankenpfleger

Sehr geehrte Frau Schöller,

pflegen, helfen und begleiten, so stelle ich mir meine berufliche Zukunft vor.

Die Ausbildung zum Gesundheits- und Kinderkrankenpfleger in der Universitätsklinik Rostock ist deshalb mein größter Wunsch.

Vom September 2015 bis zum Februar 2016 — nach dem Abschluss an der Realschule in Dresden — habe ich bereits ein Pflegepraktikum als Vorbereitung auf den Beruf des Gesundheits- und Kinderkrankenpflegers im Klinikum Salzgitter begonnen.

Auf der Station und bei der praktischen Arbeit habe ich mich stets sehr engagiert und die Arbeit hat mir immer große Freude und persönliche Erfüllung bereitet.

Mehrere freiwillige Praktika im Pflegebereich verschiedener Dresdner Krankenhäuser haben mir danach ganz klar gezeigt, dass die Kinderkrankenpflege weiterhin mein Wunschberuf ist und bleibt und ich diesen jetzt mit 100%igem Einsatz erlernen will.

Im Vorstellungsgespräch möchte ich Sie davon überzeugen, dass ich eine Ausbildung mit Elan und Ehrgeiz durchziehen kann und einen erfolgreichen Abschluss machen werde.

Auf einen Terminvorschlag von Ihnen freue ich mich und verbleibe für heute

mit freundlichen Grüßen

Jonas Becker

Jonas Becker
Schönhauserstraße 66
01100 Dresden
Tel.: 0351 / 8899022

Warum ich Gesundheits- und Kinderkrankenpfleger werden möchte:

Meinen Wunsch, einen pflegerischen Beruf zu erlernen, habe ich zum ersten Mal im Frühjahr 2015 gespürt, als mein damals erst zweijähriger Bruder Markus mit einer Lungenentzündung ins Krankenhaus kam. Auf der Kinderstation habe ich erlebt, wie wichtig eine gute Pflege, aber auch Zuwendung gerade für die kleinen Patienten ist. Seit dieser Zeit weiß ich, dass ich einen pflegerischen Beruf erlernen möchte.

In den sechs Monaten auf der Kinderstation im Klinikum Salzgitter habe ich viel über die Bedeutung einer guten Pflege gelernt, und die anschließenden Praktika haben mir deutlich gemacht, dass der Beruf des Gesundheits- u. Kinderkrankenpflegers mein Wunschziel ist und bleibt.

Bewerbungsunterlagen für das Universitätsklinikum Rostock
Ausbildungsplatz zum Gesundheits- und Kinderkrankenpfleger

Jonas Becker
Schönhauserstraße 66
01100 Dresden
Tel.: 0351/8899022

Lebenslauf

geboren am 12.05.1999 in Dresden

Eltern: Ulli und Annette Becker
zwei Brüder: Stefan und Markus Becker

Schulbildung

2005 – 2006	Grundschule in Hermsdorf
2006 – 2008	Grundschule in Weichdorf
2008 – 2009	Mittelschule in Weichdorf
2009 – 2012	Mittelschule in Allerau
2013 – 2015	Sportmittelschule in Dresden Realschulabschluss im Juli 2015
09.2015 – 02.2016	6-monatiges Pflegepraktikum als Gesundheits- und Kinderkrankenpfleger am Klinikum Salzgitter GmbH

Außerschulische Fortbildung

Praktikum in Seniorenheim

Praktikum in Kindertagesstätte

Praktikum in Krankenhaus

03.2016 – 09.2016   Praktika an verschiedenen Krankenhäusern

Hobbys

Computertechnik, Bogenschießen

Dresden, 25.10.2016

Zur Bewerbung von Jonas Becker (Gesundheits- und Kinderkrankenpfleger)

Ein gut überschaubares **Anschreiben** mit ins Auge springender Betreffzeile verdeutlicht sehr schnell, worum es Jonas geht. Dabei gelingt es ihm sehr gut, der namentlich angesprochenen Pflegedienstleitung seine Motivation zu vermitteln. Insbesondere der Start, also sein erster Satz, ist ihm hervorragend gelungen. Darauf muss man erst einmal kommen! Und er hat noch mehr zu bieten. Seine Motivation für diese Ausbildung vermittelt er wirklich nachvollziehbar und glaubwürdig. Das kommt beim Leser gut an!

Auf der **Deckblattseite mit Foto** greift er diese Motivationsbotschaft trotzdem nochmals auf und vertieft sie sogar. Die ganze Seite ist rechtsbündig konzipiert, von der Absender- bis unten zur Empfängeranschrift. Das erleichtert nicht unbedingt das Lesen, ist aber ein klarer Hingucker. Und inhaltlich verstärkt es seine Botschaft: Er weiß, was er will und auch warum! Dieser Motivations- und Überzeugungskraft kann sich der Leser kaum entziehen. Die Einladung zum Auswahlverfahren und anschließendem Vorstellungsgespräch steht eigentlich jetzt schon fest.

Der **Lebenslauf** ist eher schlicht und transportiert keine wirklich neuen Erkenntnisse. Immerhin erfahren wir, dass er zwei Brüder hat und ein ausgefallenes Hobby (Bogenschießen).

Bemerkenswert: die inhaltliche und optische Präsentation von Anschreiben und Lebenslauf, der außergewöhnlich sorgfältige und nachhaltig überzeugende Text. Insgesamt eine wunderbare Leistung!

Verbesserungswürdig: Das Anschreiben und das Deckblatt sind inhaltlich wirklich gelungen. Der Lebenslauf ist im Gegensatz dazu sehr schlicht bis langweilig. Die Unterschrift darf ruhig ein wenig größer ausfallen. Dies ist aber nicht ganz so wichtig, im Kern ist es das vielleicht stärkste Lernbeispiel hier in diesem Buch.

Lukas Jansen

Am Kirchenkamp 30
49078 Osnabrück
Telefon: 0541 / 200 42 45 • Mobil: 0176 / 444 91 878
twitter.com/lukas.ja
E-Mail: lukas.ja@gmx.de

Lukas Jansen – Am Kirchenkamp 30 – 49078 Osnabrück

Commerzbank Osnabrück
Frau Dorothee Driewer
Am Ring 26
49074 Osnabrück

1. September 2016

Bewerbung um einen Ausbildungsplatz – Bankkaufmann
Praktikum im April dieses Jahres

Sehr geehrte Frau Driewer,

sicher können Sie sich noch gut erinnern:

In den Oster- und Sommerferien absolvierte ich ein Praktikum in Ihrer Bank.
Da ich mich in der Arbeitsatmosphäre Ihres Hauses überaus wohlgefühlt habe, möchte ich sehr gerne die von mir angestrebte Ausbildung zum Bankkaufmann bei Ihnen absolvieren.

Derzeit besuche ich das Angela-Merkel-Gymnasium, das ich im kommenden Sommer mit der allgemeinen Hochschulreife verlassen werde. Mein Lieblingsfach ist bereits seit der Grundschule die Mathematik: Es macht mir einfach Spaß, absolut präzise mit Zahlen umzugehen und anspruchsvolle mathematische Aufgaben zu lösen. Da ich mich zudem sehr für den Finanzmarkt und alle Themen rund um eine sichere und gewinnbringende Geldanlage interessiere, möchte ich gerne meinen beruflichen Schwerpunkt in diesen Bereich legen.

Während einer Aushilfstätigkeit in einem Eiscafé, die ich seit einem Jahr ausübe, kann ich immer wieder mein Geschick im Umgang mit Menschen unter Beweis stellen und zeigen, dass ich auch in schwierigen Situationen ruhig bleibe und mit Beschwerden der Gäste sehr gut umgehen kann. Zudem zeichne ich mich durch eine ausgeprägte Überzeugungs- und Begeisterungsfähigkeit aus, die mir auch sehr in meiner Tätigkeit als privater Nachhilfelehrer zugute kommt. Es liegt mir, das Interesse der Schüler für die Mathematik zu wecken und sie so zur Verbesserung ihrer Noten zu motivieren.

Das Praktikum in Ihrem Hause hat mich in dem Wunsch bestärkt, meine Kompetenzen und Interessen im Beruf des Bankkaufmanns zu vereinen. Für diese Ausbildung stehe ich gerne ab dem 01.09.2017 zur Verfügung.

Wenn meine Bewerbung Ihr Interesse weckt, freue ich mich sehr.

Mit freundlichen Grüßen

Lukas Jansen

Anlagen

Lukas Jansen

Am Kirchenkamp 30
49078 Osnabrück
Telefon: 0541 / 200 42 45 • Mobil: 0176 / 444 91 878
twitter.com/lukas.ja
E-Mail: lukas.ja@gmx.de

Bewerbung um einen Ausbildungsplatz
bei der Commerzbank

Kurzprofil

- Praktika in den Oster- und Sommerferien 2016 in Ihrer Filiale
- Lieblingsfächer: Deutsch und Mathematik
- Stark ausgeprägte Begeisterungsfähigkeit
- Abiturvornote in Mathematik: sehr gut
- Spaß am Umgang mit Menschen
- Hohe Überzeugungsfähigkeit

Lukas Jansen

Curriculum Vitae

Persönliche Daten

Geboren am 9. September 1998 in Georgsmarienhütte

Schulbildung

Seit 2011	Angela-Merkel-Gymnasium, Osnabrück • Notendurchschnitt 07.2016: 1,8 • Abschluss: allgemeine Hochschulreife (07.2017)
2005 – 2011	Gesamtschule Schinkel, Osnabrück

Praktika

2016	Praktika Oster- und Sommerferien für angehende Bank-Azubis Commerzbank, Osnabrück • Begleitung von Kundenberatungen • Durchführung von Überweisungen unter Aufsicht
2014	Praktikum als Servicekraft Eiscafé Roncadin, Osnabrück • Entgegennahme von Bestellungen • Servieren

Jobs

Seit 2015	Servicekraft Eiscafé Roncadin, Osnabrück • Service • Kassieren
Seit 2013	Privater Nachhilfelehrer • Unterstützung von Hauptschülern zur Vorbereitung auf den Realschulabschluss

Sonstiges

EDV	Sehr gute Kenntnisse in Word, Excel, PowerPoint Große IT-Affinität und schnelles Einarbeiten in neue Programme
Fremdsprachen	Englisch (sehr gut), Französisch (gut)
Hobbys	Tischtennis, Spinning

Osnabrück, 1. September 2016

Zur Bewerbung von Lukas Jansen (Bankkaufmann)

Unser Kandidat Lukas verweist auf das von ihm bereits bei dieser Bank geleistete Praktikum und nimmt es zum Anlass, seine Motivation für diesen Ausbildungsberuf deutlich zu unterstreichen (der Schlüsselsatz ist in einer größeren Schrifttype geschrieben). Kompliment! Er hat sich hier absolut geschickt vermarktet, sowohl optisch als auch inhaltlich!

Der Absenderkopf mit Hinweis auf seinen Twitter-Account ist sehr ästhetisch gestaltet, das **Anschreiben** sorgfältig getextet, die Zeilenführung gut. Alle wichtigen formalen Dinge wurden also berücksichtigt, seine Bewerbung macht einen überzeugenden, positiven Eindruck.

Das **Deckblatt mit Foto** und einer Aufführung des Kurzprofils mit sechs Punkten, die für unseren Kandidaten werben, ist ansprechend. Das könnte man nur noch toppen durch seine handschriftliche Unterschrift (ausgeschriebener Vor- und Nachname) unter seinem Foto. Und dann noch möglichst in blau und eingescannt. Aber auch ohne hat diese Bewerbung schon eine Menge an optischen und inhaltlichen Reizen.

Seinen **Lebenslauf** mit »Curriculum Vitae« zu überschreiben ist schon ein bisschen außergewöhnlich, findet aber vielleicht doch in konservativen Kreisen wie bei Großbanken Wertschätzung. Bei einem kleinen Handwerksbetrieb wäre es ziemlich deplatziert (schlicht falsch!).

Bemerkenswert: sorgfältiges Design und gut getextetes Anschreiben, der Schlüsselsatz (geleistetes Praktikum) optisch vergrößert, sehr interessant auch der Verweis auf den Twitter-Account!

Verbesserungswürdig: abgesehen von unserer kleinen Anregung hinsichtlich der Unterschrift eigentlich nichts …

11. Lektion Die besondere Bedeutung des Internets für Ihre Bewerbung

Immer mehr Unternehmen nutzen das Internet und immer weniger die Printmedien, um ihre Ausbildungsplatzangebote zu veröffentlichen. Freie Ausbildungsplätze findet man – neben vielen nützlichen Informationen über das Unternehmen – auf der jeweiligen Website. Ausbildungsplätze sind außerdem auch auf allen Jobportalen zu finden.

Apropos finden: Was findet man über Sie im Internet? Fast jeder Ausbilder geht auf die Suche. Also Vorsicht: Schauen Sie nach, was man über Sie im Internet findet, um unangenehme Situationen im Vorstellungsgespräch zu vermeiden. Seien Sie auch gut vorbereitet, falls der Arbeitgeber Sie auf etwas Peinliches anspricht.

Sasha Moran • Böllerstraße 44 • 28910 Suhr • Telefon 0422 567 578 • E-Mail: S.Moran@gmx.de

Autohaus Huprecht
Schmidt & Mayer GmbH
Herrn Siebers
Nordmeyerstraße 12
28217 Bremen

Suhr, 26.10.2016

Ihr Ausbildungsangebot auf den Internetseiten der Bundesagentur für Arbeit
Ausbildung zum Bürokaufmann ab Herbst 2017

Sehr geehrter Herr Siebers,

auf der Internetseite der Arbeitsagentur habe ich gelesen, dass Sie zum 01.08.2017 einen Ausbildungsplatz zum Bürokaufmann anbieten.

Über diesen Beruf habe ich mich schon auf verschiedenen Wegen informiert, und die Ausbildung zum Bürokaufmann würde ich sehr gerne im Autohaus Huprecht machen.

Im Sommer 2016 habe ich auf der Lise-Meitner-Schule in Suhr-Moorreich einen ganz ordentlichen Realschulabschluss gemacht und besuche jetzt seit August 2016 die einjährige Berufsfachschule in Delmenhorst. Diese werde ich dann voraussichtlich im Juli 2017 erfolgreich beenden.

Die Auseinandersetzung mit Zahlen sowie das Organisieren, Planen und Verwalten bereiten mir sehr viel Freude. Das Arbeiten mit dem Computer und das Lösen auch von komplexen Aufgaben sowie überhaupt alle kaufmännischen Fragen zählen zu meinen ganz besonderen Interessen.

Ich habe eine rasche Auffassungsgabe, arbeite gerne im Team, kann aber auch sehr eigenständig und eigenverantwortlich Aufgaben übernehmen.

Im Moment nehme ich in einer AG meiner Schule an dem Lehrgang zum Erwerb des Europäischen Computer-Führerscheins (ECDL) teil.

Meine Fähigkeiten eignen sich bestimmt sehr gut für den Beruf zum Bürokaufmann und ich sehe meine Interessen und Stärken hier bestens aufgehoben.

Davon würde ich Sie auch gerne persönlich überzeugen.

Laden Sie mich doch bitte zu einem Vorstellungsgespräch ein und geben Sie mir damit die Chance, Sie persönlich von meinen Qualitäten zu überzeugen.

Mit freundlichen Grüßen nach Bremen

Sasha Moran

Anlagen
Lebenslauf, Zeugniskopie, Praktikumsbescheinigungen

Sasha Moran • Böllerstraße 44 • 28910 Suhr • Telefon 0422 567 578 • E-Mail: S.Moran@gmx.de

Suhr, 26. Oktober 2016

Sasha Moran (Unterschrift)

Meine Stärken

Ich kann gut mit Zahlen umgehen.

Ich habe eine rasche Auffassungsgabe.

Ich löse gerne komplexe Aufgaben.

Ich kann eigenständig sowie im Team arbeiten.

Ich bin motiviert, Neues zu lernen.

Mein Wunsch

Ein Ausbildungsplatz zum Bürokaufmann
im Autohaus Huprecht, weil ich mit dieser Ausbildung
meine Stärken und Interessen weiterentwickeln werde.

Sasha Moran • Böllerstraße 44 • 28910 Suhr • Telefon 0422 567 578 • E-Mail: S.Moran@gmx.de

Lebenslauf

Persönliche Daten

Name:	Sasha Moran
Berufswunsch:	Bürokaufmann
Geburtsdatum und -ort:	07. August 1999 in Bremen
Eltern:	Joachim Moran, Diplom-Ingenieur
	Manuela Moran, Diplom-Betriebswirtin
Geschwister:	1 Schwester, 20 Jahre alt, Lehramtsstudentin

Schulausbildung

Grundschule:	2006 – 2010 Grundschule in Moorreich
Orientierungsstufe:	2010 – 2013 Orientierungsstufe in Moorreich
Gymnasium:	2013 – 2015 Lise-Meitner-Oberschule in Moorreich
Realschule:	2015 – Juli 2016 Lise-Meitner-Oberschule in Moorreich
Schulabschluss	Mittlere Reife bereits seit 13. Juli 2016
Weiterführende Schule:	Seit August 2016 Berufsfachschule für Wirtschaft in Delmenhorst

Praktika

31.10.2014 – 11.11.2014 Schulpraktikum
bei Airbus, Bremen

30.10.2013 – 10.11.2013 Schulpraktikum
bei Cordes & Graefe, Stuhr

Sprachkenntnisse

Englisch und Französisch

weitere Kenntnisse

Programmierung und Rhetorik (VHS-Kurse)

Hobbys

Computer, Badminton, Schach, Lesen

Suhr, 26. Oktober 2016

Zur Bewerbung von Sasha Moran (Bürokaufmann)

Eine schöne, wenn auch eher schlicht gestaltete Bewerbung, die sich Sasha hier ausgedacht hat. Das **Anschreiben** mit angenehmer Absender-Kopfzeile und einer sehr feinen Schrifttype ist gut auf dem Blatt platziert, zumal der Anschreibentext weder zu lang noch zu kurz ist, sodass keine Zweifel an der Motivation des Azubi-Kandidaten aufkommen können. So ist es genau richtig! Lediglich ganz zum Schluss bei dem Anlagenhinweis kann man anmerken, dass die andere Schrift und Unterstreichung sowie die Aufzählung der einzelnen Anlagen nicht wirklich notwendig sind. Kein schlimmer Fehler, aber überflüssig!

Das **Deckblatt** gewinnt deutlich an Aufmerksamkeit und Attraktivität durch die Tatsache, dass Sasha unter seinem **Foto** handschriftlich unterschrieben hat. Ein Blickfang und starkes Persönlichkeitszeichen, es sei denn, man unterschreibt wie eine Fliege (klein und dünn) oder wie ein Mammut (zu groß). Die beiden Textpassagen zu Stärken und Wünschen sind lediglich eine Wiederholung dessen, was wir auch schon im Anschreiben gelesen haben. Aber Werbung in eigener Sache lebt eben nun einmal von der selbstbewussten Wiederholung! Das ist vollkommen in Ordnung!

Es folgt ein einseitiger **Lebenslauf** mit ganz ansprechendem Design, dem noch (auch wenn wir es hier nicht zeigen) Zeugnisse und Praktikumsnachweise beigefügt worden sind. Alles ist inhaltlich sorgfältig getextet, sodass man sich den Kandidaten gut und gerne im Büro als neuen Auszubildenden vorstellen kann.

Bemerkenswert: Foto mit Unterschrift.

Verbesserungswürdig: Es gibt nicht wirklich etwas zu bemängeln, vielleicht der Hinweis auf die Anlagen im Anschreiben.

Seine Bewerbungsunterlagen kann Sasha übrigens mit folgender E-Mail kurz ankündigen, wenn er diese online verschickt.

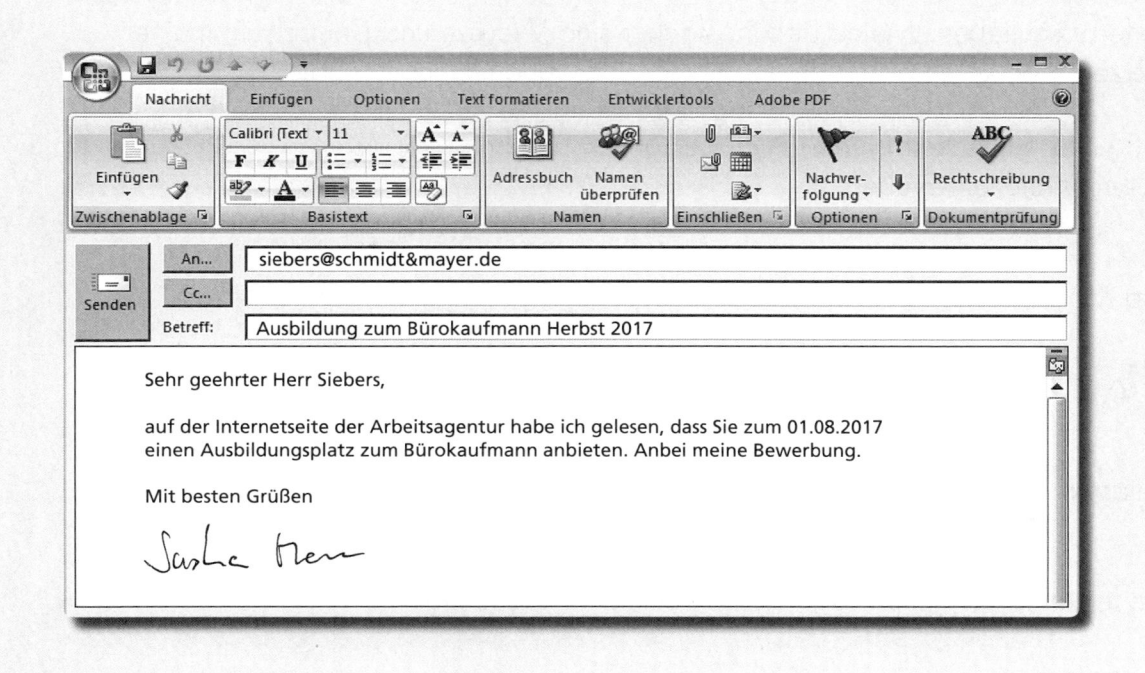

Lisa Müller-Stern ✲

Goethestr. 4 • 45400 Essen • Tel.: 0201 15 56 80 • E-Mail: lmueller@web.de

Heim & Hof GmbH
Herrn Ralf Schneider
Wittener Straße 18
45127 Essen

Essen, 29. März 2016

Bewerbung um einen Ausbildungsplatz als Einzelhandelskauffrau
Ihre Anzeige in der WAZ vom 28. März 2016

Sehr geehrter Herr Schneider,

mit großem Interesse habe ich Ihre Anzeige gelesen und möchte mich gerne vorstellen.

Während meines Schulpraktikums in einem Baumarkt habe ich einen guten ersten Einblick in den beruflichen Alltag einer Einzelhandelskauffrau gewonnen. Dabei hat mir besonders gefallen, dass ich in diesem Beruf viel Kontakt zu Menschen habe und daneben die wichtigen kaufmännischen Grundlagen erlernen kann.

Deshalb habe ich mich für diesen Ausbildungsberuf entschieden.

Zurzeit besuche ich die Herder-Realschule. Im Juni werde ich sie mit der mittleren Reife abschließen. Meine Lieblingsfächer sind Werken und Deutsch. In meiner Freizeit arbeite ich gerne am Computer und gehe ins Fitnessstudio.

Ich würde mich sehr freuen, mich persönlich bei Ihnen vorzustellen.
Mit freundlichen Grüßen

Lisa Müller-Stern

Lisa Müller-Stern

Anlagen:

die letzten zwei Schulzeugnisse & Praktikumsbescheinigung

Lisa Müller-Stern

Goethestr. 4 • 45400 Essen • Tel.: 0201 15 56 80 • E-Mail: lmueller@web.de

Lebenslauf

Persönliche Daten

• geboren am 06. Juni 2000 in Herne •

• mein Berufswunsch: Einzelhandelskauffrau •

• Eltern: Frank Müller, Industriekaufmann &
Anne Müller, geb. Eckert, Steuerfachgehilfin •

• Geschwister: 1 Schwester, Schülerin •

Schulbildung

• Juni 2016 voraussichtlicher Schulabschluss (mittlere Reife) •

• seit 2010 Herder-Realschule Essen •

• 2006 – 2010 Grundschule Herne •

Schulpraktikum

• September 2015 Baumarkt-Filiale Essen •

Sonstiges

• Sprachkenntnisse: Englisch und Französisch •

• Computerkenntnisse: Word, Excel, Internet •

• Lieblingsfächer: Werken und Deutsch •

• Hobbys: Basteln, Computer und Aerobic •

Lisa Müller-Stern ✶

Goethestr. 4 • 45400 Essen • Tel.: 0201 15 56 80 • E-Mail: lmueller@web.de

Warum der Einzelhandel mein Berufsziel ist …

Schon seit Längerem bin ich mir sicher, dass ich Einzelhandelskauffrau werden möchte. Ich weiß sehr viel über den kaufmännischen Beruf, weil mein Vater Industriekaufmann ist und mir oft davon erzählt.
Ich habe mich bei der Berufsberatung eingehend über die verschiedenen kaufmännischen Berufe informiert und mich für die Ausbildung als Einzelhandelskauffrau entschieden, weil ich an meinem zukünftigen Arbeitsplatz gerne viel Kontakt zu Menschen haben möchte.
Da in der Schule Werken zu meinen Lieblingsfächern gehört, habe ich in einer Baumarkt-Filiale in Essen ein Praktikum absolviert.

Danach war ich mir sicher, dass diese Ausbildung die richtige für mich ist. In meiner Freizeit renoviere ich gerne alte Möbel mit meinem Vater in unserer Garage oder arbeite mit dem Computer. Außerdem treibe ich gerne Sport und gehe mit meinen Freundinnen zum Aerobic.

Ich freue mich darauf, bald meinen Wunschberuf Einzelhandelskauffrau erlernen zu können – vielleicht in Ihrem Unternehmen.

Lisa Müller-Stern

Lisa Müller-Stern

Essen, 29. März 2016

Zur Bewerbung von Lisa Müller-Stern (Einzelhandelskauffrau)

Schon allein durch die Briefkopf-Absendergestaltung schafft es Lisa, einen enormen Eindruck zu erzeugen und für sich Aufmerksamkeit zu gewinnen. Die Betreffzeile ist der nächste Punkt, den Herr Schneider kaum übersehen kann. Das **Anschreiben** an sich ist eher knapp gehalten, die entscheidenden Sätze sind deutlich vom sonstigen Text abgesetzt (auch ohne Unterstreichung oder Fettung). Die eingescannte Unterschrift ist gut lesbar, und bei den Anlagen wird zusätzlich erklärt, worum es sich handelt. Das ist aber gar nicht notwendig.

Die nächste Seite ist eine gelungene Mischung aus **Deckblatt, Foto** und **Lebenslaufdaten**. Sie ist mittelachsig ausgerichtet und informiert über alle wesentlichen Punkte, die man bei einer Lebenslaufdarstellung so erwarten kann. Das Gesamtdesign ist wirklich hervorragend, da hat sich Lisa sicherlich Unterstützung von einem Profi geholt.

Unter der Headline »Warum der Einzelhandel mein Berufsziel ist …« erklärt sie uns (auf der sogenannten **Dritten Seite**) etwas über ihre Beweggründe. Das klingt gut und wird optisch durch einen zum Teil größer geschriebenen Satzanfang nochmals zusätzlich attraktiv gemacht. Lisa unterschreibt auch diese Seite.

Eine weitere Variante dieser Bewerbung steht Ihnen als Online Content unter **www.berufundkarriere.de/onlinecontent** zur Verfügung.

Bemerkenswert: Schrifttype und Gesamtbild, das Lisa uns auf ihren drei Bewerbungsseiten vermittelt.

Verbesserungswürdig: Die handschriftliche Unterschrift beim Anschreiben gehört über die maschinenschriftliche Unterschrift. Diese maschinenschriftliche Wiederholung des Namens ist aber gar nicht notwendig. Die Leerzeilen zwischen »Anlagen:« und der Aufzählung derer gehören gelöscht.

Übrigens: Alte Möbel werden restauriert und nicht renoviert. Auch das könnte Lisa verbessern.

Alexander Held ▪ Eichenweg 16 ▪ 36037 Fulda ▪ Tel.: 0661 2501234 ▪ E-Mail: Alexander.Held@gmx.de

Agentur für Arbeit Fulda
Team Ausbildung
Frau Meier
Musterstraße 14
36037 Fulda

03.05.16

2017

Bewerbung um einen Ausbildungsplatz als Fachangestellter für Arbeitsmarktdienstleistungen

Sehr geehrte Frau Meier,

im Sommer 2014 hatte ich im Rahmen eines vierwöchigen Praktikums die Möglichkeit, die Arbeit in einer Arbeitsagentur näher kennenzulernen. Besonders der direkte, serviceorientierte Umgang mit den Kunden hat mir sehr gut gefallen. Bei dieser Gelegenheit habe ich mich auch bei Ihrer Kollegin von der Berufsberatung, Frau Schmidt, umfassend über die beruflichen Möglichkeiten bei der Agentur für Arbeit informiert. Beides hat mich darin bestärkt, mich für die Ausbildung als Fachangestellter für Arbeitsmarktdienstleistungen bei Ihnen zu bewerben.

Zurzeit besuche ich das Freiherr-von-Stein-Gymnasium in Fulda, das ich voraussichtlich im Juni kommenden Jahres mit dem Abitur erfolgreich verlassen werde. In meiner Freizeit engagiere ich mich aktiv bei den Pfadfindern, z. B. durch die Teilnahme an Hilfsprojekten oder Pfadfinderlagern.

Mit mir gewinnen Sie einen teamfähigen, zuverlässigen und kommunikationsstarken Auszubildenden, der sein Wissen und Können täglich verbessern und erweitern möchte.

Der Vollständigkeit halber setze ich Sie davon in Kenntnis, dass ich seit Geburt wegen einer Hörschädigung mit einem GDB 80 schwerbehindert bin. Diese Hörschädigung kann ich jedoch durch meine Hörgeräte voll ausgleichen.

Gerne würde ich meinen beruflichen Weg mit einer Ausbildung bei der Arbeitsagentur beginnen. Ich freue mich daher über eine Einladung zum Auswahlverfahren.

Mit freundlichen Grüßen

Alexander Held

Alexander Held • Eichenweg 16 • 36037 Fulda • Tel.: 0661 2501234 • E-Mail: Alexander.Held@gmx.de

LEBENSLAUF

Name	**Alexander Held**, geboren am 03.02.1998 in Fulda
Mehr über mich auf	www.instagram.com/Alexander.Held

Schulbildung

09.2008 – bis heute	Freiherr-von-Stein-Gymnasium, Fulda Leistungskurse: Deutsch, Mathematik Seit 09.2014 Stufensprecher 04. – 05.2013 Schüleraustausch Upminster / London
09.2004 – 07.2008	Berggrundschule, Fulda

Praktika

07.2014 – 08.2014	Agentur für Arbeit, Fulda Bereich: Verwaltung und Vermittlung
08.2013	Sparkasse, Filiale Hünfeld

Engagement

08.2010 – heute	Pfadfinder DPSG Fulda (Rover) 03.2015 Woodbadge-Kurs

Sprachen

Englisch	Gute Kenntnisse
Spanisch	Grundkenntnisse

Sonstiges

IT-Kenntnisse	Word, Photoshop
Interessen	Fotografie, Gitarre spielen, Schwimmen

Fulda, 03.05.2016

Alexander Held

Zur Bewerbung von Alexander Held (Fachangestellter für Arbeitsmarktdienstleistungen)

Alexander hat sich aufgrund seiner positiven Erfahrungen im Praktikum bei der Arbeitsagentur beworben. Er argumentiert, was ihm daran gefallen würde, und führt dann gegen Ende seines Anschreibens seine Schwerbehinderung auf, die er aufgrund technischer Hilfsmittel gut ausgleichen kann. Das **Anschreiben** hat ein angenehm unauffälliges Design, wirkt sympathisch und Alexanders Anliegen ist ordentlich getextet. Schade, dass wir nicht im Anschreiben erfahren, wo genau und mit wem er in der Arbeitsagentur während des Praktikums zusammengearbeitet hat. Dies sollte er auf jeden Fall noch ergänzen.

Der **Lebenslauf** kommt ganz ähnlich daher, glänzt aber an einer Stelle mit dem Engagement Alexanders bei den Pfadfindern. Auch die angegebenen Hobbys sind sehr interessant und könnten dazu führen, dass Alexander bei einem Bewerbungsgespräch genauer zu diesen befragt wird.

Weder im Lebenslauf noch im Anschreiben finden wir sein **Foto**. Ist ihm das aufgefallen? Heutzutage ist ein Foto keine Pflicht mehr. Trotzdem empfehlen wir Ihnen dringend, immer ein sympathisches Foto von Ihnen den Bewerbungsunterlagen beizulegen. Es könnte der Weichensteller sein!

Bemerkenswert: die Vermittlung der Schwerbehinderung.

Verbesserungswürdig: Foto beifügen, Info über Praktikum einarbeiten und eventuell den Zeilenabstand, insbesondere beim Anschreiben, etwas verkleinern!

Mein Ziel:

eine Ausbildung
zum **Werbekaufmann**

BeWerbungs Unterlagen

von
Thomas Marquart

Buschgasse 20
50668 Köln
Tel.: 0221 272 40 90

Thomas Marquart

Buschgasse 20 • 50668 Köln • Tel.: 0221 272 40 90

Lebenslauf

Thomas Marquart
am 11. November 1998 in Köln geboren

Eltern:	Heiner Marquart, Außenhandelskaufmann Petra Marquart, geb. Eilers, Raumgestalterin
Geschwister:	1 ältere Schwester, Studentin der Kunstgeschichte
Schulbildung:	2004 – 2008 Wichern-Grundschule, Köln seit 2008 Karl-Sonnenschein-Gymnasium Köln
Lieblingsfächer:	Englisch, Kunst, Informatik
Schulabschluss:	Abitur, Sommer 2016
Berufswunsch:	Werbekaufmann
Motivation:	Menschen und Märkte verbinden
Außerschulische Fortbildung:	Teilnahme an Volkshochschulkursen: „Betriebswirtschaftslehre kompakt", „Filme drehen wie die Profis"
Hobbys:	Amerikanische Popart, eigene Filme drehen, Börsenspiele
Ehrenamtliche Tätigkeit:	Jugendgruppenleiter in der Pfarrgemeinde Groß St. Martin

Köln, 20. Januar 2016

Thomas Marquart

Zur Bewerbung von Thomas Marquart (Werbekaufmann)

Thomas' Bewerbung startet gleich mit einem **Deckblatt**, das ein Wortspiel optisch gut präsentiert und schon hier die Brücke schlägt zu der Ausbildung, die der Kandidat anstrebt. Ja, es geht um Werbung in eigener Sache, und das so gut wie möglich. Heutzutage ist fast alles erlaubt, und so verzichtet Thomas auf ein formelles **Anschreiben** und konzentriert sich auf seinen **Lebenslauf**, bei dem er alle wichtigen Abteilungen konsequent, aber kurz abarbeitet. Vielleicht trifft hier wirklich das Motto zu: *In der Kürze liegt die Würze.* Wir denken, dass Thomas eine außergewöhnliche Bewerbung gelungen ist. Trotzdem müssen wir hier festhalten: Ohne eine kurze E-Mail und einen entsprechenden Text geht es wohl kaum. Denn wie soll der Lebenslauf den Empfänger erreichen? Hinzu kommt: Was treibt diesen jungen Menschen an? Wie kommt er darauf, Werbekaufmann werden zu wollen? Was spricht dafür? Etwas mehr Investment in seine Überzeugungsarbeit wäre nicht nur schön, sondern für seine »Be-Werbung« hier recht dienlich. Immerhin lernen wir, dass es ohne Begleitschreiben nicht gut geht.

Bemerkenswert: das konsequent etwas andere Konzept und die Kürze!

Verbesserungswürdig: Eigentlich nichts könnte man zunächst meinen, wenn man einfach mal mutig sein möchte! Dennoch fehlt hier ein Begleittext und damit ein wichtiger Teil der Motivations- und Überzeugungsarbeit. Vermisst haben wir auch die XING- und Facebook-Adressen, deren Angaben für einen angehenden Werbekaufmann wichtig sind! Wetten, dass er so etwas auch besitzt und es leider eben nur hier vergessen hat aufzuführen! Was lernen Sie daraus? Ohne Begleittext, der klar und überzeugend die Motivation transportiert, geht es nun einmal bei einer Bewerbung nicht, die den Empfänger überzeugen soll!

12. Lektion — Die fünf häufigsten Bewerbungsfehler

1. Flüchtigkeitsfehler: Ihre schriftliche Bewerbung ist eine erste Arbeitsprobe. Rechtschreib- und Grammatikfehler, falsche Anrede oder Adresse, fehlende Unterschrift usw. Es gibt nichts, was es nicht gibt. Sicherheitshalber sollten Sie Ihre Bewerbungsunterlagen nicht nur selbst dreimal lesen, sondern anderen zur Überprüfung vorlegen.

2. Fehlende Motivation: Es ist vor allem Ihre Motivation für diese Ausbildung und das Ausbildungsunternehmen, die zählt. Dies sollten Sie im Anschreiben, aber auch in Ihrem Lebenslauf zum Ausdruck bringen.

3. Schwaches Foto: Bitte verwenden Sie kein unpassendes oder überhaupt keins! Denn Ihr Foto ist ein wichtiger emotionaler Weichensteller. Sparen Sie also nicht am Fotografen.

4. Keine Hobbys / Engagement / Interessen angeben: Ihre Freizeitaktivitäten sind sehr wichtige Themen, die Türen öffnen oder verschließen. Die Angabe von fünf und mehr wird Türen eher schließen, und politisches Engagement löst nicht überall Begeisterung aus. Die Angabe, dass Sie Veganer sind oder Cello in einem Laienorchester spielen, kann Nachfragen auslösen. Überlegen Sie daher genau, was Sie schreiben. Interessante oder außergewöhnliche Hobbys können auch ein guter Gesprächseinstieg im Vorstellungsgespräch sein.

5. Pessimismus: Nicht nur die besten Bewerber haben eine Chance. Durch gute Vorbereitung und exzellente Bewerbungsunterlagen können Sie immer einiges an Unzulänglichkeiten ausgleichen.

Mein Ausbildungsziel: Buch und Handel

Ein Buch ist immer so spannend wie sein Cover ...

... und welche Bewerberin steckt hinter diesem Gesicht?

Ja, ich möchte gerne mehr über Nina Meyer erfahren!

Bitte senden Sie mir
☐ eine Kurzbewerbung (Anschreiben + Lebenslauf)
☐ eine komplette Bewerbungsmappe

_____
Name, Vorname

_____
Betrieb

_____
PLZ, Ort

_____
Telefon

Nina Meyer
Welfengarten 10
30165 Hannover

Falls keine Marke zur Hand, Porto zahlt Empfänger

Mein Ausbildungsziel: Buch und Handel

Sehr geehrte Frau Pütz,

hinter diesem Gesicht steckt **Nina Meyer,** die sich heute bei Ihnen um eine

**Ausbildung
zur
Buchhändlerin**

bewerben möchte.

Hannover, 5. Februar 2016

Wenn Sie Interesse an meiner ausführlichen Bewerbung haben, verwenden Sie bitte diese Antwortkarte. Vielen Dank! →

Mein Ausbildungsziel: Buch und Handel

Nina Meyer Welfengarten 10
30165 Hannover
☎ 0511 456896
@ Meyer@web.de

Persönliche Daten

Geboren:	am 26. April 2000 in Hannover
Eltern:	Conrad Meyer, Lehrer Anja Meyer, geb. Roth, Bibliothekarin

Schulbildung

Grundschule:	2006–2010
Realschule:	seit 2010
Abschluss:	Sommer 2016
Lieblingssprachen:	Englisch, Französisch

Außerschulische Interessen

Kenntnisse:	Schreibmaschine, MS Office
Hobbys:	Engl. Kriminalromane, Ballett, Feldhockey

Mein Ausbildungsziel: Buch und Handel

„Bücherwurm" und „Leseratte",

mit diesen Spitznamen werde ich schon seit meiner frühesten Kindheit bedacht. Genauer gesagt, seit ich das Lesen gelernt habe. Denn mit diesem Tag hat sich für mich die faszinierende Welt der Bücher eröffnet. Im Deutschunterricht konnte ich seitdem die wichtigsten Werke der deutschen Literatur und einige französische Bücher kennenlernen.

Aber nicht nur das Lesen, auch der Umgang mit Büchern fasziniert mich. Oft besuche ich meine Mutter, die Bibliothekarin ist, an ihrem Arbeitsplatz und genieße die Atmosphäre zwischen den Bücherregalen.

Mein größter Wunsch ist es, den Beruf der Buchhändlerin zu erlernen. Ich kenne Ihre Buchhandlung schon lange als Kundin und möchte sehr gerne als Auszubildende bei Ihnen lernen.

Ich freue mich, wenn Sie mir die Möglichkeit geben, Sie in einem Gespräch persönlich kennenzulernen.

Mit freundlichen Grüßen

Nina Meyer

Zur Bewerbung von Nina Meyer (Buchhändlerin)

Aus jedem DIN-A4-Blatt lässt sich leicht und schnell so ein Flyer »basteln«, den wir Ihnen hier in etwas verkleinerter Form präsentieren. Nina bewirbt sich auf diesem kleinen Stück Papier um einen Ausbildungsplatz im Buchhandel und bringt dabei das **Anschreiben** ebenso wie die wichtigsten **Lebenslaufdaten** auf dieser knappen Fläche erfolgreich unter. Die angedeutete Postkarte ist in Zeiten des Internets (E-Mail) eher symbolisch zu verstehen. Ob sie mit dem Spruch »Ein Buch ist immer so spannend wie sein Cover …« wirklich die Herzen der Entscheider gewinnt, bleibt offen. Was meinen Sie?

Diesen kleinen Flyer kann und sollte man auch unbedingt persönlich überreichen (z. B. bei Jobmessen oder in einem Buchgeschäft des Vertrauens). Sicher geht auch der klassische Versand per Post. Den Flyer per E-Mail zu verschicken bietet sich eher weniger an. Jedoch überall, wo man persönlich hingehen kann und mit Berufsvertretern ins Gespräch kommt, hat dieser Flyer so etwas wie eine erweiterte Visitenkartenfunktion. Sie hinterlassen (hoffentlich) nicht nur einen guten Eindruck, sondern gleich auch »ein Stück Persönlichkeit und Angebot«. Wenn der Kontakt und das erste Gespräch gut verlaufen sind, dann wird das Überreichen des Flyers die Sache krönen und Sie bleiben im Gedächtnis. Trotzdem müssen Sie sich auch noch schriftlich bewerben.

Übrigens: Was die Überschrift von Nina angeht »Ein Buchcover ist immer so spannend wie sein Cover«, so sehen wir das ganz anders. Wir würden den Spruch auf jeden Fall ändern, denn das Leben lehrt, dass das Äußere täuschen kann. So sollte man auch ein Buch besser nicht nach seinem Cover beurteilen. Wir schlagen daher folgende Alternative vor:
Jedes Mal, wenn man ein Buch öffnet, lernt man etwas. (chinesisches Sprichwort)

Bemerkenswert: diese außergewöhnliche Form und komprimierte Darstellungsweise.

Verbesserungswürdig: Statt einer angedeuteten Postkarte könnte man sich auch noch einen etwas spannenderen Text mit wichtigen Aussagen zur Person und der Wesensart von Nina gut vorstellen. Den Spruch zum Einstieg würden wir empfehlen auszutauschen! Überlegen Sie sich einmal einen Alternativvorschlag!

13. Lektion   Wie Sie schlechte Schulleistungen erklären

Wenn vielleicht etwas gegen Sie als den idealen Kandidaten für die Ausbildung spricht, sei es aufgrund einer schwachen Note in einem oder sogar mehreren Fächern, vieler Fehltage, der Wiederholung einer Klasse usw., ist es wichtig, dass Sie dazu eine Erklärung abgeben können. Aber natürlich nicht im Sinne, dass Sie anderen die Schuld daran geben (»Die doofe Lehrerin ist Schuld, dass ich durchgefallen bin, weil sie mich nicht mochte.«), sondern mit der Bereitschaft, die Verantwortung dafür zu übernehmen. Verdeutlichen Sie, dass Sie damit unzufrieden sind, und versprechen, sich während der Ausbildung mit vollem Einsatz zu engagieren. Eine solche Erklärung dürfen Sie auch gerne auf einer Extraseite Ihren Bewerbungsunterlagen (Anlagen) beifügen. Wenn Sie dies nicht tun, können Sie davon ausgehen, dass Sie bei einem Vorstellungsgespräch danach gefragt werden. Spätestens dann müssen Sie wissen, wie Sie dies erklären wollen. Nur betreten zu schweigen ist wirklich zu wenig …

An...: wenzel@international.com

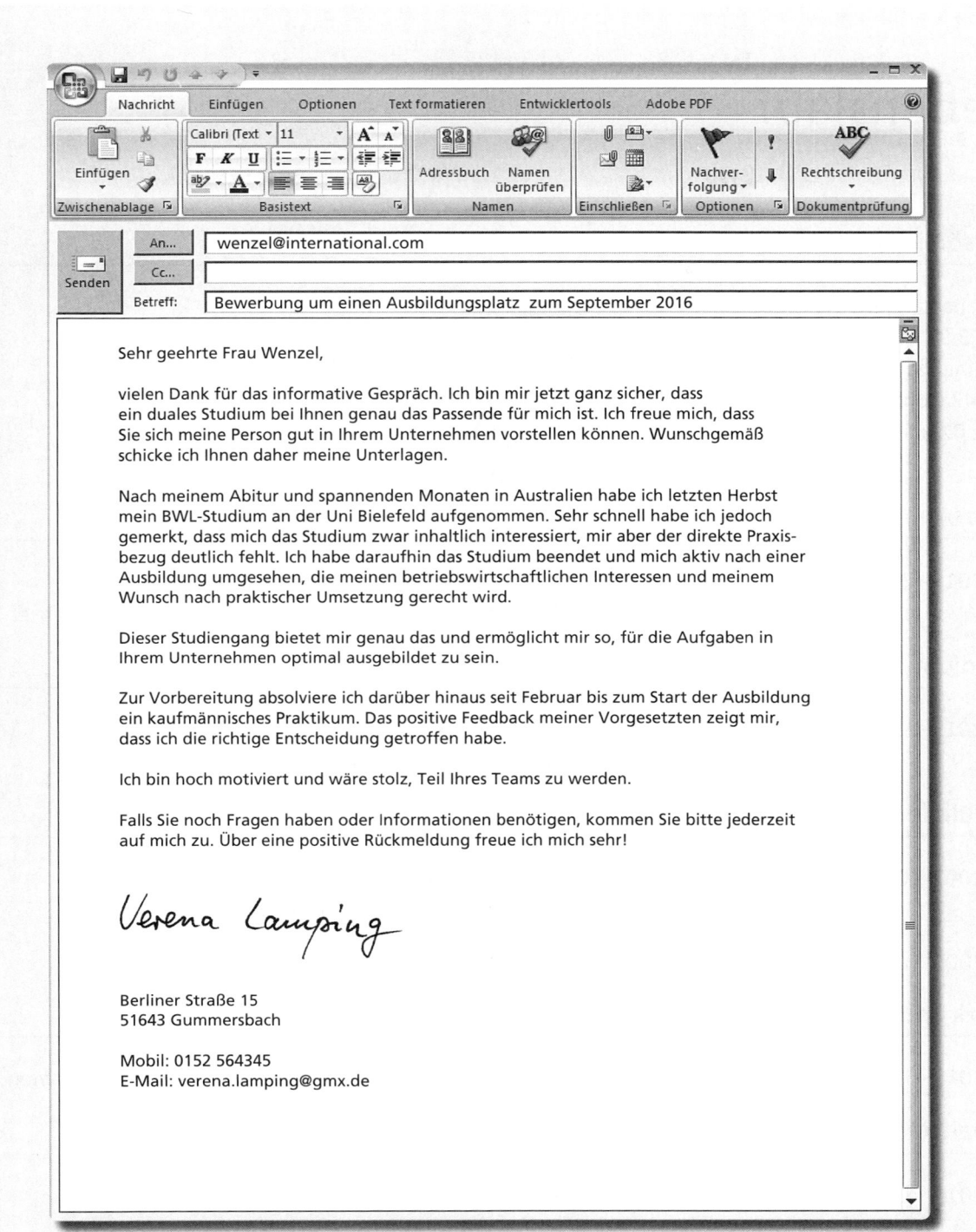

Cc...:

Betreff: Bewerbung um einen Ausbildungsplatz zum September 2016

Sehr geehrte Frau Wenzel,

vielen Dank für das informative Gespräch. Ich bin mir jetzt ganz sicher, dass ein duales Studium bei Ihnen genau das Passende für mich ist. Ich freue mich, dass Sie sich meine Person gut in Ihrem Unternehmen vorstellen können. Wunschgemäß schicke ich Ihnen daher meine Unterlagen.

Nach meinem Abitur und spannenden Monaten in Australien habe ich letzten Herbst mein BWL-Studium an der Uni Bielefeld aufgenommen. Sehr schnell habe ich jedoch gemerkt, dass mich das Studium zwar inhaltlich interessiert, mir aber der direkte Praxisbezug deutlich fehlt. Ich habe daraufhin das Studium beendet und mich aktiv nach einer Ausbildung umgesehen, die meinen betriebswirtschaftlichen Interessen und meinem Wunsch nach praktischer Umsetzung gerecht wird.

Dieser Studiengang bietet mir genau das und ermöglicht mir so, für die Aufgaben in Ihrem Unternehmen optimal ausgebildet zu sein.

Zur Vorbereitung absolviere ich darüber hinaus seit Februar bis zum Start der Ausbildung ein kaufmännisches Praktikum. Das positive Feedback meiner Vorgesetzten zeigt mir, dass ich die richtige Entscheidung getroffen habe.

Ich bin hoch motiviert und wäre stolz, Teil Ihres Teams zu werden.

Falls Sie noch Fragen haben oder Informationen benötigen, kommen Sie bitte jederzeit auf mich zu. Über eine positive Rückmeldung freue ich mich sehr!

Verena Lamping

Berliner Straße 15
51643 Gummersbach

Mobil: 0152 564345
E-Mail: verena.lamping@gmx.de

Lebenslauf

Persönliche Daten

Verena Lamping
21.05.97 in Bremen geboren
Berliner Straße 15
51643 Gummersbach
Tel.: 02261 789345

Zurzeit

02.2016 – heute	Hüttenreuther GmbH, Gummersbach
	Vollzeitpraktikum im Bereich Rechnungswesen und Vertrieb

Studium

10.2015 – 12.2015	Universität Bielefeld
	Betriebswirtschaftslehre (B.Sc.)

Schulbildung

09.2007 – 06.2015	Städtisches Gymnasium Gummersbach
	Allgemeine Hochschulreife, Note: 2,5
09.2003 – 05.2007	Hofgrundschule Gummersbach

Work and Travel

06.2015 – 10.2015	Australien, Rundreise finanziert durch Mitarbeit auf Farmen

Arbeitserfahrungen

11.2013 – 06.2015	Café Krämer, Bielefeld
	Service
06.2011 – 10.2013	Babysitterin in verschiedenen Familien
03.2012	Face (Fotograf), Bielefeld
	Schülerpraktikum

Sonstiges

Sprachkenntnisse	Englisch, 8 Jahre Schule, durch Auslandsaufenthalte vertieft
	Französisch, 5 Jahre Schule
Interessen	Theatergruppe, Ballett

Gummersbach, 20. Juni 2016   *Verena Lamping*

Zur Bewerbung von Verena Lamping (Duales Studium, Fachrichtung BWL)

In einer ausführlichen **E-Mail** bedankt sich Verena für das Gespräch, das sie jetzt ermutigt, ihrer Gesprächspartnerin ihren Lebenslauf sowie weitere Unterlagen zuzuschicken, um nach Abbruch ihres BWL-Studiums nun ein duales Studium aufzunehmen. Das duale Studium ist eine Kombination aus Studium und Praxisphasen in einem Unternehmen. Duale Studenten werden vom jeweiligen Unternehmen als Angestellte bezahlt und bekommen meist weitere finanzielle Unterstützung (für Bücher, Studiengebühren usw.). Verena erklärt ihren Ausbildungswerdegang und begründet so ihren Wunsch, Praxis und Theorie in einer anderen Form des Lernens und Arbeitens zu kombinieren.

Der beigefügte **Lebenslauf mit Foto** ist schlicht, hat aber dennoch eine gewisse Eleganz und lässt die Kandidatin trotz des Abbruchs ihres BWL-Studiums durchaus interessant erscheinen für einen zweiten Studienversuch in Form einer dualen Ausbildung.

Bemerkenswert: die Kombination von E-Mail und lediglich einer Lebenslaufseite.

Verbesserungswürdig: Im Großen und Ganzen gibt es nichts an der Bewerbung auszusetzen. Verena könnte ihrem Anschreiben vielleicht noch ein PS hinzufügen. Unser Vorschlag, den wir uns hier natürlich nur ausdenken, der aber bestimmt nicht ganz unrealistisch ist: *PS: Gerne schicke ich Ihnen eine Praktikumsbeurteilung und kann auch meinen Praktikumsleiter als Referenz benennen.*

14. Lektion Sie sind eingeladen zum Test/Vorstellungsgespräch

Herzlichen Glückwunsch! Jetzt haben Sie es fast schon geschafft. Aber vor dem Start in Ihre Ausbildung gibt es möglicherweise noch ein durchaus schweißtreibendes Auswahlverfahren in Form von Testaufgaben und Gruppengesprächen. Und selbst wenn Sie keinen Einstellungstest bestehen müssen, bleibt Ihnen das Vorstellungsgespräch nicht erspart. Sie sollen jetzt keine Angst bekommen, denn das Gute ist: Sie können sich wunderbar sowohl auf die Tests und das Gruppenauswahlverfahren sowie auf die Fragen im Vorstellungsgespräch vorbereiten. Und das sollten Sie auch, denn bis jetzt haben Sie sich ja auch viel Mühe gemacht, Fleiß und Ehrgeiz gezeigt. Das soll doch nicht umsonst gewesen sein. Also finden Sie heraus, was für eine Art Test oder Auswahlverfahren auf Sie nun zukommt und bereiten Sie sich entsprechend darauf vor. Üben Sie die Testaufgaben, denn Übung macht den Meister, und ohne Übung sind diese Tests nicht ganz einfach zu lösen.
Auch die typischen Fragen im Vorstellungsgespräch sollten Sie sich ansehen und sich bereits im Vorfeld überlegen, was Sie darauf antworten wollen. Stichwort Vorbereitung! Das ist hier wirklich der Schlüssel zum Erfolg. Auf Seite 117 finden Sie dazu die passende Vorbereitungsliteratur.

Lea Anders
Goethestraße 22
30159 Hannover
Telefon: 0511 / 23 57 489
Mobil: 0176 / 43 44 879
E-Mail: lea.anders@gmx.de

Lea Anders – Goethestraße 22 – 30159 Hannover

Volkswagenwerk Hannover
Recruiting
Frau Stein
Hauptstraße 123
30160 Hannover

Hannover, 29. November 2016

Ihre neue Auszubildende zur Industriekauffrau
Annonce im Internetstellenportal der Arbeitsagentur

Sehr geehrte Frau Stein,

gerne möchte ich mich in Ihrem Unternehmen zur Industriekauffrau ausbilden lassen und sende Ihnen heute meine Bewerbungsunterlagen.

Meine wichtigsten Voraussetzungen für die Ausbildung auf einen Blick:

- ✓ allgemeine Hochschulreife im Sommer 2017
- ✓ ausgeprägtes Interesse an betriebswirtschaftlichen Abläufen
- ✓ Freude sowohl am Umgang mit verschiedensten Menschen als auch an der Arbeit am PC
- ✓ zwei absolvierte Praktika als Industriekauffrau
- ✓ meine Stärken: freundlicher, offener Umgang mit Kunden, überaus sorgfältige Arbeitsweise
- ✓ fundierte EDV-Kenntnisse und eine große Begeisterung für das Internet
- ✓ verhandlungssichere Englischkenntnisse (Schüleraustausch in den USA)
- ✓ gute Französischkenntnisse

Meine Fähigkeiten und Stärken möchte ich nun gerne zielstrebig in eine Ausbildung einbringen und mein kaufmännisches Wissen erweitern. Sehr gerne würde ich Sie im Rahmen eines Praktikums (in den Winter- oder Osterferien) von meiner Eignung für diesen Beruf überzeugen.

Wenn Sie Fragen haben oder mich zu einem persönlichen Kennenlernen einladen wollen, rufen Sie mich doch bitte unter einer der oben angegebenen Telefonnummern an.
Ich freue mich darauf, von Ihnen zu hören ...

mit freundlichen Grüßen

Lea Anders

Anlagen

Dominik Klein jetzt auf Ausbildungsplatzsuche

Asternweg 16
60599 Frankfurt/M
Telefon: 069 / 567 58 90
Mobil: 0177 / 983 90 78
E-Mail: dominik_klein@web.de

Dominik Klein – Asternweg 16 – 60599 Frankfurt/M

Volkswagenwerk Hannover
Recruiting
Frau Stein
Hauptstraße 123
30160 Hannover

29.11.16

Bewerbung um einen Ausbildungsplatz als Groß- und Außenhandelskaufmann
Unser heutiges Telefonat

Sehr geehrte Frau Stein,

vielen Dank für das sehr freundliche und sehr informative Telefonat von heute Vormittag. Wie besprochen sende ich Ihnen anbei meine kompletten Bewerbungsunterlagen für den von Ihnen angebotenen Ausbildungsplatz als Kaufmann im Groß- und Außenhandel.

Bereits seit einigen Jahren interessiere ich mich ganz besonders für die Handelsbeziehungen zwischen verschiedenen Ländern, die im Zuge der Globalisierung immer weiter ausgebaut werden und eine immer größere Bedeutung erlangen. Ich finde es faszinierend, wie die Waren in der benötigten Qualität zu günstigen Preisen beschafft werden, wie sie kostengünstig gelagert und weiterverteilt werden. In der Schule haben mir besonders der **Englisch- und der Mathematikunterricht** immer großen Spaß gemacht.

Es liegt mir, **Zahlen- und Datenmaterial zu analysieren**, und bereitet mir große Freude, mit Kunden serviceorientiert umzugehen.

Meine wirklich sehr guten **Englisch-** (Note 1) und **Polnisch-Kenntnisse** (Muttersprache) werden mir sicher im Umgang mit Ihren internationalen Lieferanten und Geschäftspartnern voll zugutekommen.

Zu meinen Stärken zähle ich eine enorm schnelle Auffassungsgabe, große Zielstrebigkeit und ausgesprochen viel Freude daran, immer engagiert Neues zu lernen sowie theoretische Kenntnisse möglichst erfolgreich in der Praxis anzuwenden.

Für die Ausbildung in Ihrem Unternehmen stehe ich Ihnen gerne ab dem 01.08.2017 zur Verfügung. Ich freue mich auf Ihre Einladung zu einem persönlichen Gespräch und verbleibe

mit freundlichen Grüßen aus Frankfurt/M

D. Klein

Anlagen: Meine komplette Bewerbung

Hanna Weber ▪ Goethestraße 22 ▪ 20159 Hamburg ▪ Telefon: 040-23 57 489 ▪ Mobil: 0176-43 44 879
E-Mail: hanna.weber@gmx.de

Hanna Weber – Goethestraße 22 – 20159 Hamburg

Volkswagenwerk Hannover
Recruiting
Frau Stein
Hauptstraße 123
30160 Hannover

Hamburg, den 29. Nov. 2016

Ausbildung zur Industriekauffrau Herbst 2016

Sehr geehrte Frau Stein,

gerne möchte ich mich in Ihrem Unternehmen zur Industriekauffrau ausbilden lassen und sende Ihnen heute meine Bewerbungsunterlagen.

Momentan besuche ich die Realschule, die ich im kommenden Jahr mit der mittleren Reife abschließen werde. Da ich betriebswirtschaftliche Abläufe sehr spannend finde und mir zudem sowohl der Umgang mit verschiedensten Menschen als auch die Arbeit am PC große Freude bereiten, interessiere ich mich seit Längerem für den Beruf der Industriekauffrau und habe bereits zwei Praktika in diesem Bereich absolviert.

In den Praktika konnte ich meine Fähigkeiten wie den freundlichen, offenen Umgang mit Kunden, fundierte EDV-Kenntnisse und eine überaus sorgfältige Arbeitsweise sehr gut einsetzen und wurde dadurch weiter in meinem jetzigen Berufswunsch bestärkt. Außerdem bringe ich aufgrund eines einjährigen Schüleraustausches in den USA verhandlungssichere Englischkenntnisse mit, spreche zudem aber auch recht gutes Französisch, weil es zu meinen Lieblingsfächern zählt.

All meine Fähigkeiten und Stärken möchte ich nun sehr gerne engagiert in die Ausbildung in Ihrem Unternehmen einbringen, um so zielstrebig mein kaufmännisches Wissen zu erweitern. Sehr gerne überzeuge ich Sie im Rahmen eines Kurzpraktikums von meiner Eignung, das mir in den Winter- oder Osterferien möglich wäre.

Falls Sie jetzt noch Fragen haben oder mich gleich zu einem Kennenlernen einladen möchten, zögern Sie bitte nicht, mich anzurufen. Ich freue mich darauf, von Ihnen zu hören und verbleibe mit

freundlichen Grüßen

Anlagen
Lebenslauf, Foto, Zeugnisse

Kommentar zu den drei Anschreiben

Keine einfache Frage, aber welches **Anschreiben** ist besser? Sie können hier drei Kandidaten und das, was sie zu Papier gebracht haben, vergleichen und überlegen, welcher Text und welche Form Sie mehr überzeugt und warum. Keines ist wirklich schlecht und jedes enthält das Potenzial, die eine oder andere Sache noch zu verbessern. Überlegen Sie selbst, bevor Sie sich unsere Hinweise zu den drei Anschreiben anschauen.

Zu Lea
Bemerkenswert: die sehr elegante Textaufteilung und feine Schrifttype. Mit Abstand das kürzeste und übersichtlichste Anschreiben, das sehr geschickt alle wichtigen Punkte untereinander präsentiert.

Verbesserungswürdig: Nennung des Datums für den Ausbildungsbeginn.

Zu Dominik
Bemerkenswert: Dominiks Anschreiben ist optisch insgesamt sehr ansprechend und ausdrucksstark, außerdem gut lesbar. Hier wurde vorab telefoniert. Wichtige Textpassagen sind gefettet und bekommen so die notwendige Sofortaufmerksamkeit! Positiv ist auch die speziell getextete Absender-Kopfzeile (»jetzt auf Ausbildungsplatzsuche«)!

Verbesserungswürdig: Die Anschreibenseite wirkt fast schon ein bisschen zu voll, der Blocksatz verstärkt den Eindruck einer gewissen »Schwere«. Das Anschreiben wirkt insgesamt unlebendig und sehr formal. Die Unterschrift (nicht echt, d. h. maschinenschriftlich, Vorname abgekürzt) unbedingt ändern!

Zu Hanna
Bemerkenswert: sehr starke Betreffzeile. Insgesamt wirkt das Anschreiben lebendig und nicht schwer.

Verbesserungswürdig: vielleicht die Kopfzeile des Absenders, in jedem Fall aber die Orts- und Datumszeile (geht so nicht, vergleichen Sie diese mit den anderen Beispielen). Und die letzten acht Zeilen vor der Unterschrift, die übrigens verbessert werden sollte (weil unleserlich!), bei denen nicht auf die Zeilenführung und den Sinn unterstützenden Umbruch geachtet worden ist!

Aus unserer Sicht ist das Anschreiben von Lea den anderen beiden vorzuziehen!

Nachfassen, nachhaken, sich nochmals in Erinnerung bringen

Sie haben alle Empfehlungen beachtet, Ihre Bewerbungsunterlagen abgeschickt und nach einiger Zeit immer noch keine Antwort erhalten? Dann wird es Zeit, höflich nachzufragen – aber ohne vorwurfsvoll zu wirken. Manche Unternehmen legen sogar Wert auf eine solche Nachfrage und werten ein Ausbleiben als fehlendes Interesse oder mangelnde Einsatzbereitschaft.

Es kann auch vorkommen, dass E-Mails oder per Post versendete Unterlagen verloren gehen, oder der Empfänger hat Ihre Bewerbung übersehen. In jedem Fall können Sie nach ca. sieben bis zehn Tagen Wartezeit eine E-Mail zum Nachfassen versenden. Formulieren Sie noch einmal in ca. drei Zeilen Ihr Interesse an dem Ausbildungsplatz und erkundigen Sie sich, ob alles gut angekommen ist, ob vielleicht noch bestimmte Unterlagen fehlen und wann mit einer Entscheidung zu rechnen ist.

> **Auch nach einem Vorstellungsgespräch ist es ratsam, sich mit einem Nachfassschreiben an die Gesprächspartner nochmals in positive Erinnerung zu bringen (siehe nachfolgende Seiten). Bedanken Sie sich für das Gespräch, knüpfen Sie kurz an die wichtigsten Gesprächspunkte an und übermitteln Sie abermals Ihre wichtigsten Botschaften (in Bezug auf Kompetenz, Leistungsmotivation, Persönlichkeit) am besten per E-Mail. Insbesondere kleine Firmen erwarten das bisweilen sogar, um zu sehen, wie ernst es der Azubi-Bewerber meint.**

Wir haben hier und im Online Content einige Beispiele für Sie vorbereitet!

An... steffi.poller@hairandfashion.de

Cc...

Betreff: Unser Gespräch, mein Berufsziel Friseurin

Liebe Steffi,

vielen Dank für den freundlichen Austausch heute und die vielen Informationen zur Friseur-Ausbildung bei Hair & Fashion. In unserem Gespräch hatte ich ja von meinen eigenen Frisur-Ideen erzählt; Bilder hiervon sind als PDF-Dokument dieser E-Mail angefügt.

Nach dem heutigen Tag kann ich noch überzeugter sagen, dass ich meine Ausbildung nicht bei irgendeinem Friseur absolvieren möchte, sondern dass Hair & Fashion mein absoluter Favorit ist. Gerade die Mischung aus gutem, traditionellem Handwerk und innovativen Kreationen begeistert mich. Euer Team macht ebenfalls einen sympathischen Eindruck, weshalb ich es sehr gerne unterstützen will.

Sollten noch Fragen zu meinem Profil offen sein, zögert nicht, mich zu kontaktieren.

Viele Grüße, bis bald

Sandra

Anlage:
weitere_arbeitsproben_sandra_haller.pdf

Sandra Haller
Pasewalker Weg 22, 10171 Berlin
Tel. 0174 3393211
sandra.haller@web.de

Claudia Boller
Wilsnacker Str. 10
33619 Krefeld
03447 379123
cboller@postnet.de

Internationale Liegenschaftsbank (ILB)
Personalabteilung
Frau Schnauff
Wilhelmplatz 6
10100 Berlin

Krefeld, 05.01.2016

Vorstellungsgespräch am Freitag, 04.01.2016
Meine Bewerbung als Auszubildende Bürokauffrau

Sehr geehrte Frau Schnauff,

vielen Dank für das informative Gespräch. Besonders die offene, herzliche Gesprächsatmosphäre und Ihre Erläuterungen über Aktivitäten und Ziele bis hin zum Ausbildungskonzept fand ich sehr spannend. Dies alles bestärkt mich in meinem Wunsch, bei Ihnen meine Ausbildung zu machen und mich mit vollem Engagement einzubringen.

In einem so kurzen Zeitraum des Sich-Kennenlernens, wie es das Vorstellungsgespräch nun einmal ist, fällt es mir nicht leicht, die Eigenschaften herauszustellen, die mich besonders für diesen Ausbildungsplatz in Ihrem Unternehmen qualifizieren.
Im Nachhinein möchte ich gern hinzufügen, dass meine

– fundierten kaufmännischen Grundkenntnisse aus der Schule,
– meine ersten Erfahrungen in der Praxis- und Projektarbeit,
– Kommunikations- und Lernfähigkeit,
– mein persönliches Organisationstalent
– sowie meine Eigenschaft, Ziele nicht aus dem Auge zu verlieren,

gute Voraussetzungen für die Ausbildung darstellen. Ich hoffe, Sie sehen das ebenso.

Wenn Sie weitere Fragen haben oder Details klären möchten, zögern Sie nicht und melden Sie sich bitte telefonisch oder per Mail bei mir. Gerne komme ich auch zu einem weiteren Gespräch zu Ihnen.

Ich freue mich auf Ihr Feedback und verbleibe

mit herzlichen Grüßen aus Krefeld

Claudia Boller

Bewerbungsunterlagen maßgeschneidert

Ohne Bewerbung kein Ausbildungsplatz. Um eine Bewerbung wirklich gut zu machen, müssen Sie schon etwas Zeit investieren. Rechnen Sie mit wenigstens fünf bis zehn Stunden für Ihre erste »Lebenslauf-Version« mit Anschreiben und E-Mail-Text. Für weitere Bewerbungen können Sie dann schon weniger Zeit einplanen.

Ohne Lebenslauf und Anschreiben wird es kaum gehen. Selbst wenn Sie sich per Online-Formular bewerben, werden diese beiden »Schriftstücke« zusätzlich verlangt. Oder man fordert Sie auf, diese zum Vorstellungsgespräch mitzubringen bzw. nachzureichen. Bevor Sie also jetzt loslegen, sollten Sie überlegen, welche Botschaften Sie in Ihrer Bewerbung besonders herausstellen wollen und wo Ihre ganz speziellen Qualitäten liegen: Es geht um Ihre Standortbestimmung und Fragen wie: Was kann ich? Was will ich? Und was ist (mir) möglich?

In komprimierter Form möchten wir Ihnen an dieser Stelle zeigen, wie eine schriftliche Bewerbung aufgebaut ist und wie Sie vorgehen.

Ihre vollständigen Unterlagen umfassen:
- Anschreiben
- Lebenslauf
- Foto
- Zeugnisse (Schul-, Ausbildungs-, Praktikums- und ggf. Ferienjob-Zeugnisse)
- falls vorhanden: Bescheinigungen und Zertifikate (z. B. Qualifikationen, Weiterbildungen)
- evtl. sogar kleine Arbeitsproben (z. B. Schülerzeitungsartikel)

Der Lebenslauf

… zeigt Ihren bisherigen Werdegang. Er ist das Kernstück Ihrer Bewerbung und stellt die wichtigsten Informationen und Argumente dar, die für Sie sprechen und Ihnen zu einer Einladung zum testgesteuerten Auswahlverfahren oder noch besser gleich zu einem Vorstellungsgespräch verhelfen. Machen Sie deutlich, dass Sie aufgrund Ihrer fachlichen Kompetenz (alles, was Sie so in der Schule gelernt haben), Ihrer Leistungsfähigkeit und Ihrer Persönlichkeit für den angebotenen Ausbildungsplatz die ideale Besetzung sind.

Ausbildungsplatzanbieter erwarten den Lebenslauf in tabellarischer Form und mit PC-Textverarbeitung (z. B. Word) geschrieben. In der Regel umfasst er ein bis zwei Seiten, in Ausnahmefällen auch mehr, ohne hier Deckblatt und Anlagenverzeichnis mitzuzählen.

Ein per Hand geschriebener Lebenslauf mit Anschreiben wäre sehr, sehr außergewöhnlich, könnte aber auch so beeindrucken, dass er zum Ziel führt!

Folgende Punkte gehören in den Lebenslauf:
- persönliche Daten: Vor- und Nachname, Geburtsdatum und -ort, Familienstand (nicht zwingend, aber üblich), Staatsangehörigkeit (wenn Sie nicht deutscher Nationalität sind oder Ihr Name dies vermuten lässt), bei Auszubildenden sind Angaben zum Beruf des Vaters und der Mutter sowie der Anzahl der Geschwister sehr gerne gesehen, aber nicht Pflicht (weniger als ein Drittel der Bewerber macht das)
- Schulbildung (besuchte Schulen, Schulabschluss)
- außerberufliche Weiterbildung (Fremdsprachen, EDV-Kurse werden positiv bewertet, Ihren Mountainbike-Kurs sollten Sie vielleicht besser nicht erwähnen)
- Sonderinformationen (z. B. Auslandsaufenthalte)
- besondere Kenntnisse (z. B. Fremdsprachen, EDV, Führerschein etc.)
- Interessen und Hobbys (ehrenamtliches, soziales Engagement, Sport etc.)
- Ort, Datum, Unterschrift

Gliederung

Sie können Ihren Lebenslauf unterschiedlich gliedern. Die übliche Form ist die chronologische Variante, d. h., Sie schreiben die Eckdaten der zeitlichen Reihenfolge nach auf. Dabei ist es für den Leser übersichtlicher, wenn Sie mit dem heutigen Stand (letztes Schuljahr oder Abschluss) beginnen und auf der Zeitachse zurückgehen (umgekehrt chronologischer Aufbau).

Ihr Foto

Die Wirkungskraft von Fotos ist größer als die jedes noch so guten Textes. Das gilt auch für Ihre Bewerbung. Ein Ausbilder wird sich beim Betrachten Ihres Fotos in Sekundenschnelle ein Urteil bilden: Sympathisch oder unsympathisch? Mürrisch oder freundlich? Offen oder verschlossen? Lernbereit oder … Unsere Empfehlung: Investieren Sie in einen professionellen Fotografen und lassen eine Serie aussagekräftiger, das bedeutet sympathischer Fotos von sich machen und wählen Sie dann gemeinsam die besten aus.

Deckblatt und Dritte Seite

Ein Deckblatt, welches Ihren Unterlagen vorangestellt ist, wirkt strukturierend und kann Ihre Bewerbung aufwerten. Die Gestaltungsmöglichkeiten sind dabei vielfältig. Sie haben verschiedene Varianten in den Beispielbewerbungen in diesem Buch gesehen. So können Sie hier Ihr Foto oder Ihre ersten Daten (Name, Wunsch-Ausbildungsberuf, Adresse etc.) präsentieren, aber auch schon wichtige Infos zu Ihren Stärken, Wünschen und Ihrem Angebot machen.

Die Dritte Seite – das besondere Etwas: Hinter dem Anschreiben oder dem Lebenslauf platziert, heben Sie sich damit von der Masse der Bewerber ab. Voraussetzung: Sie ist wirklich gut getextet! Hier transportieren Sie in wenigen Sätzen die entscheidenden Argumente, warum Sie als Bewerber in die engere Auswahl gehören, was Sie besonders auszeichnet. Eine tolle Chance, wenn man es gut anstellt, jedoch nicht einfach!
An dieser Stelle können Sie sehr persönlich formulieren, im Tenor » Was Sie sonst noch von mir wissen sollten … « oder schlicht » Meine Motivation «, » Warum ich unbedingt … werden will «. Besonders empfiehlt sich eine Dritte Seite für alle, die auf Wunsch des Arbeitgebers eine Handschriftenprobe abgeben sollen. So können Sie elegant zwei Fliegen mit einer Klappe schlagen und Ihre Fähigkeiten und Ihre Persönlichkeit überzeugend (handschriftlich) darstellen.

Deckblatt, Dritte Seite und Anlagenverzeichnis sind jedoch kein Muss. Insbesondere eine Dritte Seite kann, wenn sie nicht gut formuliert ist, mehr schaden als nützen! Also überlegen Sie gut, ob Sie das für sich in Anspruch nehmen wollen. Wenn ja, dann aber nur mit einem wirklich guten Text!

Das Anschreiben – Ihr persönlicher Empfehlungsbrief

» Hiermit bewerbe ich mich … « Immer noch beginnen zu viele Bewerbungen mit diesem langweiligen Satz. Texten Sie kreativer und heben Sie sich wohltuend von der » Konkurrenz « ab. Nur so erregen Sie die Aufmerksamkeit des Entscheiders. Vergessen Sie dabei nicht: In der Kürze liegt die Würze. Der Ausbilder hat keine Zeit, Romane zu lesen. Beschränken Sie sich auf acht bis maximal fünfzehn Sätze.

Gliederung
Empfänger: Sprechen Sie den Empfänger des Anschreibens möglichst persönlich mit Namen an, nicht mit » Sehr geehrte Damen und Herren «. Fragen Sie ggf. telefonisch nach, wer der richtige Ansprechpartner ist.
Einleitung: Hier stellen Sie dar, warum Sie diese Ausbildung beginnen wollen. Bauen Sie dafür einen direkten Bezug zum Unternehmen auf.

- » Sie sind ein Unternehmen, das …, und ich möchte hier meine Ausbildung zu … machen. «
- » Durch das Internetangebot … bin ich auf Ihre Anzeige für den Ausbildungsplatz als … aufmerksam geworden. «
- » Für das freundliche und aufschlussreiche Telefonat möchte ich mich sehr herzlich bei Ihnen bedanken. Es hat mich darin bestärkt, mich für die Ausbildung als … zu bewerben. «
- » Beim Recherchieren auf Ihrer Homepage bin ich auf Ihre Ausbildungsangebote aufmerksam geworden und interessiere mich für eine … als … bei Ihnen. «

Hauptteil / Personenbeschreibung

Nach der Eröffnung geht es darum, knapp und überzeugend zu argumentieren, dass Sie der bzw. die Richtige für den zu besetzenden Ausbildungsplatz sind. Auf welche Kenntnisse, Fähigkeiten oder Eigenschaften können Sie jetzt schon verweisen? Was ist Ihr schulischer Hintergrund? Und wie können Sie Ihre Motivation glaubwürdig zum Ausdruck bringen? Finden Sie eine plausible Antwort auf die Fragen: Warum wollen Sie ausgerechnet in diesem Unternehmen die Ausbildung starten? Und warum sollte sich der Ausbilder gerade für Sie entscheiden?

Einstiegsmöglichkeiten zu Ihrer Personenbeschreibung:
- » Kurz zu meiner Person … «
- » Mit einer voraussichtlichen Abschlussnote von X,X möchte ich mich bei Ihnen um einen Ausbildungsplatz bewerben … «
- » In den letzten beiden Schuljahren konnte ich vor allem in den Bereichen … meine Fähigkeiten … / meine Leistungsmotivation unter Beweis stellen. «

Abschluss: Nach Ihrer Selbstdarstellung folgt der Schlusssatz. Etwa kurz und bündig in dieser Form:
- » Ich freue mich, von Ihnen zu hören, und grüße Sie herzlichst … «
- » Über die Einladung zu einem persönlichen Gespräch freue ich mich. «
- » Für alle weiteren Fragen stehe ich Ihnen gerne in einem persönlichen Gespräch zur Verfügung. «

Wichtig: Vergessen Sie bitte nicht die Unterschrift unter Ihrem Anschreiben!

Zeugnisse und Anlagen

Für eine Bewerbung nach deutschen Standards benötigen Sie:
- aktuelles Schulzeugnis (letzte Klasse oder Zwischenzeugnis)
- ggf. Praktikumsnachweise
- besondere Zertifikate über Fort- und Weiterbildungen
- Referenzen, falls Sie sich als freier oder Ferien-Mitarbeiter bereits im Berufsleben verdient gemacht oder Ihren Lehrer so beeindruckt haben, dass er Ihnen ein Empfehlungsschreiben anbietet

Formale Bewerbungsstandards

… sind heute nicht mehr ganz so einfach zu definieren. Sie sind aber allein schon durch die E-Mail-Versandform, die die klassische papierene Bewerbung und auch die typische Bewerbungsmappe überflüssig gemacht hat, sehr viel freier in der Vielfalt der Möglichkeiten geworden. Nichtsdestotrotz: Wenn Sie sich klassisch auf Papier bewerben wollen, sollten Sie sich schon mit den Standards auseinandersetzen. Dass die Bewerbung aber – wie früher üblich – auf einem weißen DIN-A4-Papier sein muss, ist heutzutage nicht mehr zwingend so!

Zeugnisse
- Auch hier sind durch den E-Mail-Versand andere » Spielregeln « entstanden. Heute scannt man seine Unterlagen! Falls aber der Ausbildungsbetrieb eine klassische Versandform bevorzugt, dann natürlich nur gute, neue Fotokopien (keine Originale!) verwenden, die nicht bereits für andere Bewerbungen benutzt wurden.
- Sortierung: nach Aktualität und Aussagekraft (gilt immer!)
- Als Ausbildungsplatzsuchender haben Ihre letzten Schulzeugnisse oberste Priorität. Deshalb direkt nach dem Lebenslauf, der Dritten Seite oder dem Anlagenverzeichnis (falls Sie mehrere Anlagen haben) abheften. Alle anderen Zeugnisse sortieren Sie chronologisch dahinter.
- Fügen Sie der Bewerbung nur Anlagen bzw. Dateien (wie z. B. Sprachzertifikate, Weiterbildungsnachweise, Praktikumszeugnisse etc.) bei, die einen Bezug zum angestrebten Ausbildungsberuf haben, für den Sie sich bewerben.

Wichtig: Lassen Sie Eltern, Freunde oder Bekannte (ggf. auch Lehrer) Ihre Bewerbung Korrektur lesen! Mehr Augen sehen oftmals auch mehr!

Onlineformular und E-Mail-Bewerbung

Bei der Info- / Stellensuche und Kontaktaufnahme bietet das Internet vielfältige Möglichkeiten. Sie finden hier weitere Details über Unternehmen, bei denen Sie sich bewerben wollen, die Sie für die Erstellung Ihrer Bewerbungsunterlagen und für die Vorbereitung auf das Vorstellungsgespräch benötigen.

Das Onlineformular
Viele Unternehmen bieten auf ihren Internetseiten die Möglichkeit, sich mit firmeneigenen Formularen online zu bewerben oder schreiben dies sogar zwingend vor. Neben Rubriken, in denen die Lebensdaten abge-

fragt werden, gibt es meist auch Textfelder, die Platz für eigene Formulierungen bieten. Häufig werden in diesen Bewerbungsformularen Fragen wie » Warum bewerben Sie sich bei uns? « oder » Warum diese Ausbildung? « gestellt. Hier sind Kreativität und ein bisschen Formulierungsgeschick gefragt. Bevor Sie solche Textfelder ausfüllen, überlegen Sie sich gut, was Sie schreiben. Am besten formulieren Sie zunächst einen Text in einer separaten Datei, den Sie anschließend in die Felder des Formulars kopieren.

Wichtig: Bleiben Sie stets kurz und prägnant. Wer zu viel schreibt, fällt eher unangenehm auf!

Die E-Mail-Bewerbung
E-Mail-Bewerbungen leiden bisweilen unter dem schlechten Ruf, nicht immer ganz sorgfältig erstellt worden zu sein. Machen Sie es mit Ihrer E-Mail-Bewerbung anders! Denn erfolgreich ist diese nur dann, wenn Sie einige Grundregeln beherzigen.

- Verlangt das Ausbildungsplatzangebot nicht ausdrücklich die vollständigen Unterlagen, sind E-Mail-Bewerbungen eher Kurzbewerbungen.
- Ein ansprechendes Anschreiben und ein gut getexteter Lebenslauf reichen als Erstkontakt aus. Konzentrieren Sie sich auf das Wesentliche und bieten Sie an, die entsprechenden Unterlagen nachzureichen.
- Sprechen Sie den Verantwortlichen möglichst namentlich direkt an; wenn Sie Ihren Ansprechpartner nicht kennen, recherchieren Sie diesen telefonisch.
- Formulieren Sie stets individuell für eine bestimmte Firma; Serienmails sind als Bewerbung ungeeignet.
- Beziehen Sie sich auf das entsprechende Ausbildungsplatzangebot.
- Wenn es sich um eine Initiativbewerbung handelt, beachten Sie unsere speziellen Hinweise auf Seite 48.
- Auch online gelten die üblichen Höflichkeitsformen.
- Achten Sie, wie auch in den klassischen Bewerbungsunterlagen, auf Grammatik und Rechtschreibung.
- Nutzen Sie klassische Formatierungen (schwarz auf weiß, einzeilig). Arbeiten Sie nicht mit Elementen wie knalligen Farben, Fett- oder Kursivschrift oder farbigen Hintergründen. Hintergrund: Oft ist das E-Mail-Programm des Empfängers so konfiguriert, dass es Ihre Nachrichten nicht in dem Format lesen kann, in dem Sie es gesendet haben. Empfehlung: Verwenden Sie nur die einfachsten Standards und keine Spielereien.
- Datei-Format: Mit Word erzeugte DOC-Dateien sind den meisten PC-Benutzern vertraut, haben aber zwei Nachteile. Zum einen bleiben Layout und Formatierung bei der Datenübertragung häufig nicht erhalten. Zum anderen sind diese Dateien anfällig für Makroviren.
- Garantiert virenfrei sind RTF- und PDF-Dateien. Wählen Sie dazu in Ihrer Textverarbeitung, z. B. in Word, unter » Speichern unter « statt des Dateityps DOC die Option RTF oder noch besser PDF. Dies gilt ganz besonders, wenn Ihr Ansprechpartner um Foto, Zeugnisse und andere Anlagen bittet.
- Verwenden Sie das PDF auch, weil es alle Schriften, Formatierungen, Farben und Grafiken Ihres Dokuments (Anschreiben und Lebenslauf) erhält und nicht veränderbar ist. In diesem Format (PDF) können Sie die gescannten Dokumente qualitativ einwandfrei versenden. Im Geschäftsleben gehört dieses Datei-Format zum absoluten Standard.
- **Wichtig:** Testen Sie, wie Ihre E-Mail ankommt. Richten Sie sich eine zweite E-Mail-Adresse ein und schicken vorab eine Testbewerbung an sich selbst.
- Verwenden Sie für Ihre E-Mail-Bewerbungen eine seriöse E-Mail-Adresse. blondangel@hotmail.com verrät zwar Ihre Haarfarbe, wirkt aber auf den künftigen Arbeitgeber eher unseriös.

Sich zu bewerben ist Schwerstarbeit. Genauso schwierig ist es herauszufinden, was man beruflich machen möchte. Bei Ihren beruflichen Überlegungen und Ihrem Bewerbungsvorhaben drücken wir Ihnen die Daumen!

Literaturhinweise

Wir haben noch weitere Bücher geschrieben, die Ihnen bei der Vorbereitung auf Ihr Vorstellungsgespräch und bei Einstellungstests helfen können (alle erschienen im Stark Verlag).

Vorbereitende Literatur auf Ihr Vorstellungsgespräch
- 1 x 1 Das erfolgreiche Vorstellungsgespräch
- Training Vorstellungsgespräch: Vorbereitung, Fragen und Antworten, Körpersprache und Rhetorik
- EXAKT – Die 100 häufigsten Fragen im Vorstellungsgespräch: Für eine optimale Vorbereitung in kürzester Zeit
- EXAKT – Die 100 wichtigsten Tipps für Ausbildungsplatzsuchende: Für eine optimale Vorbereitung in kürzester Zeit

Vorbereitende Literatur für Einstellungstests
- Testtraining für Ausbildungsplatzsuchende: Wie man Assessment Center und andere Gruppenauswahlverfahren erfolgreich besteht
- Testtraining 2000plus: Einstellungs- und Eignungstests erfolgreich bestehen
- Testtraining Polizei und Feuerwehr: Einstellungs- und Eignungstests erfolgreich bestehen
- Testtraining Banken und Versicherungen: Einstellungs- und Eignungstests erfolgreich bestehen
- Testaufgaben – Das Übungsprogramm: Schnell einsteigen. Punktgenau vorbereiten. Erfolgreich abschneiden.
- Testtraining Kaufmännische Berufe: Einstellungs- und Eignungstests erfolgreich bestehen
- Testtraining Öffentlicher Dienst: Einstellungs- und Eignungstests erfolgreich bestehen
- EXAKT – Testtraining Allgemeinwissen: Eignungs- und Einstellungstests sicher bestehen
- EXAKT – Die 100 wichtigsten Tipps zum Assessment Center: Für eine optimale Vorbereitung in kürzester Zeit
- EXAKT – Testtraining neue deutsche Rechtschreibung: Optimale Vorbereitung auf Eignungstests, Bewerbung und Berufsalltag
- EXAKT – Testtraining Technisches Verständnis: Eignungs- und Einstellungstests sicher bestehen

Notizen

Unsere Leseempfehlungen speziell für **Ausbildungsplatzsuchende**

Dr. Angela Verse-Herrmann, Dr. Dieter Herrmann
1000 Wege nach dem Abitur
191 Seiten, 16,2 x 22,9 cm, Broschur
Best.-Nr. E10498
€ 17,95 (D) / € 18,50 (A)

Dieser Ratgeber stellt alle Optionen nach dem Abitur übersichtlich dar und erleichtert die Zukunftsplanung durch Entscheidungshilfen.
▷ Direkt nach dem Abi: Gap Year – Volunteering, Work & Travel, Au-pair und Co.
▷ Studium an der Uni, der FH oder eine Berufsausbildung
▷ Duales und triales Studium
▷ Bewerbung um Studien- und Ausbildungsplatz
▷ Ausbildungsmessen
▷ Finanzierungstipps: BAföG, Stipendium etc.
▷ Orientierungstests
▷ PLUS: Nützliche Linklisten als Online Content

Sandra Gehde
Ausbildungsplatzsuche für Durchstarter
172 Seiten, 16,2 x 22,9 cm, Broschur
Best.-Nr. E10495
€ 17,95 (D) / € 18,50 (A)

Obwohl die Arbeitsmarktlage besser ist als je zuvor, bleiben jedes Jahr Tausende Ausbildungsplatzsuchende ohne Stelle. Damit Berufschancen nicht aufgrund ungünstiger Ausgangsbedingungen „vertan" werden, bietet die Autorin zahlreiche Tipps sowie hilfreiche Infos für angehende Azubis.
▷ Finden: Tipps für die Recherche nach Ausbildungsplätzen
▷ Bewerben: Eine Anleitung zum Erstellen der Unterlagen mit hilfreichen Beispielen
▷ Überzeugen: Alles, was man zum Thema Vorstellungsgespräch wissen muss

Hesse/Schrader
Die 100 wichtigsten Tipps für Ausbildungsplatzsuchende
160 Seiten, 12,5 x 19 cm, Broschur
Best.-Nr. E10128
€ 9,95 (D) / € 10,30 (A)

▷ Welcher Ausbildungsplatz der „passende" für Bewerber ist
▷ Wie ansprechende Bewerbungsunterlagen aussehen
▷ Was bei der Onlinebewerbung zu beachten ist
▷ Worauf es im Vorstellungsgespräch und bei Einstellungstests ankommt

Dr. Angela Verse-Herrmann, Dr. Dieter Herrmann, Joachim Edler
Der große Berufswahltest
217 Seiten, 16,2 x 22,9 cm, Broschur
Best.-Nr. E10485
€ 16,95 (D) / € 17,50 (A)

▷ Überblick: Alle Ausbildungswege nach der Schule
▷ Bewährtes, mehrstufiges Testverfahren zur Berufsfindung
▷ Von Augenoptiker/-in über Notar/-in bis Zweiradmechaniker/-in: mehr als 150 Berufe mit Ausbildung oder Studium im Porträt
▷ Zusatztest für Abiturienten

Bestellungen bitte direkt an:
STARK Verlag · Postfach 1852 · D-85318 Freising · info@berufundkarriere.de
Telefon 08167 9573-0 · Fax 0811 6000499-191 · www.berufundkarriere.de

STARK

Können wir noch mehr für Sie tun?

Gemeinsam mit unserem erfahrenen Berater- und Trainerteam bieten wir professionelle Beratung zu allen beruflichen Fragen an. Wir wissen, worauf es ankommt und unterstützen Mitarbeiter und Führungskräfte bei der Umsetzung beruflicher Wünsche und Ziele. Weiterhin unterstützen wir Unternehmen bei allen Fragen der Personalentwicklung.

Jürgen Hesse

Hans Christian Schrader

Wobei benötigen Sie Unterstützung?

Beratung & Coaching

- Karriereplanung
- Potenzialanalyse
- Bewerbungsstrategien
- Berufsorientierung
- Bewerbungsunterlagen
- Vorstellungsgespräche
- Assessment Center
- Arbeitszeugnisse
- Burnout-Prävention
- Outplacement & Kündigung

Seminare & Trainings

- Bewerbung & Karriereentwicklung
- Kommunikation & Arbeitstechniken
- Verhandeln & Verkauf
- Führung & Personal
- Gesund im Job
- Train-the-Trainer nach Hesse/Schrader
- ... und alle weiteren Soft Skill-Themen

Gerne beraten wir Sie auch persönlich und telefonisch!

Auf unserer Homepage finden Sie viele praktische Tipps und Informationen zu Job und Beruf.

Dort können Sie sich über unsere Beratungsangebote, Dienstleistungen für Unternehmen und alle Seminartermine informieren oder E-Books und Mustervorlagen downloaden – und natürlich alle Bücher von Hesse/Schrader bestellen.

Möchten Sie regelmäßig unseren Hesse/Schrader-Newsletter erhalten? Dann melden Sie sich gleich an:

www.berufsstrategie.de

Büro für Berufsstrategie Hesse/Schrader
Oranienburger Straße 4-5
10178 Berlin
Telefon 030 2888570
E-Mail info@berufsstrategie.de

Berlin • Frankfurt • Hamburg • München
Köln • Stuttgart • Wiesbaden

Büro für Berufsstrategie
Hesse/Schrader
Die Karrieremacher.